COLLECTION CARRÉS À CROQUER

Buffet dînatoire
Verrines salées et sucrées

Recettes et photos de Sylvie Aït-Ali
http://www.amusesbouche.fr/
Crédits recettes : p. 84-85 : Olivia Lancaster ; p. 112-113, p. 208-209, p. 232-233, p. 242-243 : Sophie Rohaut

EDITIONS ESI
100, rue Petit, 75019 Paris
Imprimé par FINIDR - Lipova cp. 1965 - 73701 Cesky Tesin - République Tchèque

ISBN : 978-2-8226-0364-5 – N° Sofédis : S558089

sommaire

Agneau grillé et boulgour à la grecque

Préparation : 25 minutes · Cuisson : 25 minutes · Difficulté : ★ Budget : ★★

Pour 4 verrines

- **Huile d'olive**
- **150 g de boulgour**
- **1 oignon**
- **½ cuil. à café de confit de tomates séchées**
- **Coriandre**
- **2 tomates**
- **400 g de gigot d'agneau**
- **2 gousses d'ail**
- **1 yaourt grec**
- **Sel et poivre**

Faites chauffer 1 cuil. à soupe d'huile d'olive dans une casserole, ajoutez le boulgour, l'oignon haché et laissez cuire 5 minutes.

Versez 25 cl d'eau et laissez cuire à feu doux environ 10 à 12 minutes.

Ajoutez le confit de tomates, de la coriandre, la chair des tomates coupées en dés, salez et poivrez. Couvrez pour maintenir au chaud.

Coupez la viande en cubes et faites-la griller dans un peu d'huile avec l'ail haché pendant quelques minutes. Salez et poivrez.

Remplissez à moitié 4 verrines de boulgour, nappez de yaourt et déposez les cubes d'agneau. Servez aussitôt.

Conseil : cette recette peut être servie en plat complet. Dans ce cas, il est conseillé d'utiliser des verrines à grande contenance.

Asperges à la flamande

Préparation : 30 minutes · Cuisson : 17 minutes · Difficulté : ★ Budget : ★★

Pour 4 verrines

- **3 œufs**
- **12 asperges vertes**
- **8 brins de ciboulette**
- **80 g de beurre**
- **Sel et poivre**

Mettez les œufs à cuire 10 minutes dans une casserole d'eau bouillante, puis laissez-les refroidir.

Coupez la base dure des asperges, épluchez les tiges à l'aide d'un économe puis coupez les pointes à 5 cm. Mettez les tiges à cuire 5 minutes dans une casserole d'eau salée bouillante. Ajoutez les pointes et poursuivez la cuisson 2 minutes. Égouttez les asperges et laissez-les refroidir sur un torchon propre.

Écalez les œufs durs, puis hachez-les finement ainsi que la ciboulette. Mettez le beurre à fondre et ajoutez les œufs et la ciboulette. Salez et poivrez.

Coupez les tiges des asperges en tronçons et placez-les dans les verrines en alternance avec les œufs au beurre. Décorez les verrines avec les pointes d'asperge et servez.

Conseil : les asperges à la flamande sont traditionnellement préparées avec des asperges blanches mais pour une présentation en verrines, les asperges vertes font bel effet.

Bavarois de tomates au basilic

Préparation : 30 minutes · Cuisson : 5 minutes · Difficulté : ★★ Budget : ★

Pour 4 verrines

- **150 g de ricotta**
- **2 cuil. à café de confit de tomates séchées**
- **12 feuilles de basilic**
- **8 cl de crème liquide entière**
- **16 tomates cerise**
- **Huile à frire**

Travaillez la ricotta à la fourchette pour l'assouplir.

Ajoutez le confit de tomates séchées et 4 feuilles de basilic ciselées.

Montez la crème très froide en chantilly et incorporez-la délicatement à la ricotta.

Coupez des rondelles de tomates cerise et appliquez-les sur le bord des verrines. Coupez le reste des tomates en morceaux.

Versez 1 cuil. à soupe de mousse à la ricotta dans les verrines, les morceaux de tomates et couvrez le tout de mousse. Placez au frais.

Chauffez à feu doux le bain d'huile et plongez-y les feuilles de basilic parfaitement sèches. Elles doivent devenir transparentes mais pas colorées. Baissez le feu si nécessaire.

Placez les feuilles de basilic frites sur le bavarois de tomates au moment de servir.

Beignets de crevettes et purée de mangue

Préparation : 30 minutes · Repos : 1 heure · Cuisson : 10 minutes
Difficulté : ★★ Budget : ★

Pour 4 verrines

- **1 mangue bien mûre**
- **200 g de farine**
- **½ sachet de levure chimique**
- **1 cuil. à soupe d'huile de tournesol**
- **1 œuf**
- **12 crevettes roses**
- **Huile à frire**
- **Sel**

Épluchez et coupez la mangue en morceaux que vous réduirez ensuite en purée. Versez cette purée dans les verrines.

Mélangez la farine, la levure, le sel et l'huile. Ajoutez 10 cl d'eau tiède puis l'œuf battu en omelette. La pâte doit être épaisse mais fluide. Si elle est trop liquide, ajoutez de la farine. Laissez-la reposer au moins 1 heure.

Décortiquez les crevettes en conservant bien l'extrémité de leur queue. Chauffez le bain d'huile. Plongez les crevettes dans la pâte en les maintenant par la queue restante. Jetez-les dans l'huile bouillante et laissez-les dorer. Sortez-les de l'huile et laissez-les égoutter sur du papier absorbant.

Placez les crevettes sur le bord des verrines et servez aussitôt.

Betterave dans tous ses états

Préparation : 40 minutes · Repos : 1 heure · Difficulté : ★ Budget : ★

Pour 6 personnes

- **3 betteraves cuites**
- **150 g de chèvre frais**
- **15 cl de crème liquide entière**
- **1 cuil. à café de cumin en poudre**
- **300 g de fromage blanc**
- **3 cuil. à soupe de crème fraîche épaisse**
- **1 gousse d'ail**
- **Ciboulette**
- **Persil**
- **1 betterave crue**
- **Sel et poivre**

Coupez 6 tranches fines de betterave cuite et découpez dedans des formes (feuilles, étoiles...) à l'aide d'un petit emporte-pièce. Collez-les sur les parois des verrines, d'un seul côté.

Coupez 180 g de betterave cuite en dés et placez ceux-ci dans les verrines.

Mixez 300 g de betterave cuite avec le fromage de chèvre frais et la crème liquide. Utilisez un mixeur plongeant pour bien émulsionner le mélange.

Salez, poivrez et ajoutez le cumin.

Versez cette crème mousseuse dans les verrines et placez au frais 1 heure.

Mélangez le fromage blanc, la crème épaisse, l'ail réduit en purée et les herbes ciselées. Salez et poivrez.

Versez cette crème dans les verrines et placez au frais.

Au moment de servir, décorez les verrines de betterave crue râpée.

Brochettes de melon et poivron mariné

Préparation : 30 minutes · Repos : 1 h 10 · Cuisson : 15 minutes
Difficulté : ★★ Budget : ★

Pour 4 verrines

- **1 poivron vert**
- **1 gousse d'ail**
- **Persil**
- **2 cuil. à soupe d'huile d'olive**
- **1 melon**
- **Sel**

Coupez le poivron en deux, retirez la queue et les graines. Coupez chaque moitié en 8 lamelles que vous poserez sur une plaque de cuisson recouverte d'une feuille de papier sulfurisé, peau vers le haut. Vous pouvez couper un peu les extrémités pour les rendre plus stables.

Faites chauffer le gril du four à 220 °C (th. 7-8) et placez les morceaux de poivron dessous pour 15 minutes environ.

Quand la peau commence à cloquer et à noircir, placez les morceaux dans un sachet congélation pendant 10 minutes. Vous pourrez ensuite retirer la peau et placer les morceaux dans un plat.

Salez, ajoutez l'ail finement haché, du persil haché et arrosez d'huile d'olive. Couvrez d'un film alimentaire et laissez reposer 1 heure.

À l'aide d'une cuillère parisienne, prélevez des billes de melon.

Roulez les lamelles de poivron sur elles-mêmes, placez-les sur des piques en alternant avec les billes de melon.

Mettez quelques morceaux de poivron mariné au fond des verrines et placez les brochettes. Servez bien frais.

Brochettes de Saint-Jacques

Préparation : 20 minutes · Cuisson : 2 minutes · Difficulté : ★ Budget : ★★

Pour 6 personnes

- **1 mangue bien mûre**
- **18 noix de Saint-Jacques**
- **Beurre**
- **1 cuil. à soupe de persil**
- **3 tranches de bacon**
- **Sel et poivre**

Épluchez et mixez la chair de la mangue.

Placez 2 cuil. à soupe de mangue mixée par verrine.

Faites dorer les noix de Saint-Jacques dans le beurre 1 minute sur chaque face. Saupoudrez-les de persil, salez légèrement et poivrez.

Placez les noix de Saint-Jacques sur des petites brochettes en les entourant partiellement de lamelles de bacon.

Servez aussitôt ces petites brochettes accompagnées de purée de mangue.

Brouillade aux asperges

Préparation : 20 minutes · Cuisson : 25 minutes · Difficulté : ★ Budget : ★★★

Pour 6 verrines

- **1 botte d'asperges vertes**
- **12 œufs**
- **1 cuil. à soupe d'huile d'olive**
- **2 gousses d'ail**
- **3 cuil. à soupe de crème fraîche épaisse**
- **6 tranches de pain de mie**
- **Sel et poivre**

Épluchez les asperges, coupez la partie fibreuse des tiges et faites-les cuire à l'eau, verticalement, les pointes hors de l'eau, pendant 15 minutes.

Égouttez les asperges, coupez les pointes, réservez-les, puis coupez les tiges en petits tronçons.

Cassez les œufs dans un cul-de-poule, battez-les en omelette, salez et poivrez, puis ajoutez l'huile et l'ail réduit en purée.

Placez le saladier au bain-marie et mélangez sans arrêt à l'aide d'une cuillère en bois. Au bout de 5 à 6 minutes, la brouillade va commencer à prendre, ajoutez alors la crème fraîche et les tronçons d'asperge. Finissez la cuisson en continuant de mélanger jusqu'à obtention d'une consistance onctueuse.

Coupez les pointes d'asperges dans le sens de la longueur (sauf 6), placez-les dans les verrines de façon à couvrir un quart du bord.

Versez la brouillade et décorez d'une pointe d'asperge. Servez aussitôt, accompagné de pain toasté.

Brouillade aux crevettes

Préparation : 15 minutes · Cuisson : 10 minutes · Difficulté : ★ Budget : ★

Pour 4 verrines

- **8 œufs**
- **1 cuil. à soupe d'huile d'olive**
- **Tabasco®**
- **2 cuil. à soupe de crème fraîche épaisse**
- **10 brins de ciboulette**
- **100 g de crevettes roses (cuites et décortiquées)**
- **4 tranches de pain de mie**
- **Sel**

Cassez les œufs dans une casserole, battez-les en omelette, salez, ajoutez l'huile et éventuellement 1 goutte de Tabasco.

Placez la casserole au bain-marie et mélangez sans arrêt à l'aide d'une cuillère en bois.

Au bout de 5 à 6 minutes, la brouillade va commencer à prendre, ajoutez la crème, la ciboulette ciselée (gardez-en pour la décoration) et les crevettes cuites et décortiquées. Finissez la cuisson en continuant de mélanger jusqu'à l'obtention d'une consistance onctueuse.

Versez dans les verrines. Décorez de brins de ciboulette et servez avec du pain toasté.

Carpaccio de Saint-Jacques sur mousseline de céleri

Préparation : 30 minutes · Cuisson : 25 minutes · Difficulté : ★ Budget : ★★

Pour 4 verrines

- **200 g de céleri-rave**
- **50 g de pommes reinette**
- **1,5 cuil. à soupe de crème fraîche épaisse allégée**
- **2 cuil. à soupe d'huile d'olive**
- **Persil**
- **12 noix de Saint-Jacques**
- **20 g de graines germées de poireau**
- **Sel et poivre**

Coupez le céleri-rave en dés, mettez le tout dans une casserole et couvrez d'eau.

Laissez cuire 20 minutes, puis ajoutez la pomme coupée en dés et laissez cuire 5 minutes supplémentaires.

Égouttez et mixez avec la crème pour obtenir une mousseline homogène. Ajoutez 1 cuil. à soupe d'huile d'olive, quelques feuilles de persil et salez. Réservez.

Placez les noix de Saint-Jacques sur du papier absorbant et coupez-les en fines tranches (3 ou 4 selon la taille des noix). Placez-les sur une assiette et versez dessus 1 cuil. à soupe d'huile d'olive. Salez et poivrez.

Répartissez la mousseline dans les verrines, puis déposez les tranches de Saint-Jacques en rosace.

Finissez de décorer avec les germes de poireau. Réservez au frais.

Champignons à la grecque et taboulé

Préparation : 45 minutes · Cuisson : 35 minutes · Difficulté : ★ Budget : ★

Pour 6 personnes

Pour le taboulé

- 300 g de semoule
- 2 tomates
- 1 oignon
- 100 g de maïs en boîte
- Coriandre
- Persil
- 3 cuil. à soupe d'huile d'olive
- 2 cuil. à soupe de jus de citron
- Sel et poivre

Pour les champignons

- 500 g de champignons de Paris
- 20 cl de vin blanc sec
- 5 cl d'huile d'olive
- Le jus de 1 citron
- 8 petits oignons blancs en bocal
- 1 cuil. à soupe de sucre
- 1 cuil. à soupe de concentré de tomates
- 2 cuil. à soupe d'herbes de Provence
- Sel et poivre

Préparez le taboulé : faites cuire la semoule et réservez-la au frais. Quand elle est froide, coupez les tomates en tout petits morceaux, puis mélangez ceux-ci à la semoule. Ajoutez l'oignon finement haché, le maïs, les herbes ciselées, salez et poivrez.

Arrosez d'huile d'olive et de jus de citron. Réservez au frais.

Préparez les champignons : nettoyez-les et frottez-les avec du papier absorbant.

Dans une casserole, mettez le vin blanc, l'huile, le jus de citron, les oignons, le sucre et laissez cuire 5 minutes.

Ajoutez les champignons, le concentré de tomates, les herbes de Provence, salez et poivrez. Couvrez et faites cuire 20 minutes puis laissez refroidir.

Répartissez le taboulé dans les verrines puis couvrez de champignons. Réservez au frais jusqu'au moment de servir.

Charlottes de poivrons au fromage frais

Préparation : 40 minutes · Repos : 2 heures · Cuisson : 15 minutes
Difficulté : ★★ Budget : ★

Pour 6 verrines

- **1 poivron rouge**
- **1 poivron jaune**
- **3 tomates**
- **2 gousses d'ail**
- **Basilic**
- **3 cuil. à soupe d'huile d'olive**
- **300 g de fromage frais**
- **2 cuil. à soupe de crème fraîche épaisse**
- **Romarin**
- **Sel et poivre**

Coupez les poivrons en quatre, épépinez-les.

Passez-les sous le gril du four jusqu'à ce que la peau commence à noircir.

Sortez-les du four, mettez-les dans un sac congélation pour 10 minutes puis retirez la peau.

Placez les tomates dans un plat creux, ajoutez l'ail haché, le basilic, salez, poivrez et arrosez d'huile d'olive. Couvrez d'un film alimentaire et laissez reposer 2 heures minimum.

Coupez de petites bandes régulières de poivron et tapissez le fond des verrines en alternant les couleurs. Nettoyez le haut des verrines à l'aide d'un papier absorbant.

Travaillez le fromage frais avec la crème épaisse pour l'assouplir.

Remplissez les verrines en alternant le fromage frais, les tomates coupées en rondelles et des morceaux de poivrons. Finissez par une couche de fromage frais. Décorez chaque verrine avec un brin de romarin.

Chèvre chaud sur lit de courgettes

Préparation : 20 minutes · Cuisson : 15 minutes · Difficulté : ★ Budget : ★

Pour 4 verrines

- **2 courgettes**
- **1 cuil. à soupe d'huile d'olive**
- **Basilic**
- **2 cuil. à soupe de crème fraîche épaisse allégée**
- **120 g de fromage de chèvre**
- **Herbes de Provence**
- **1 cuil. à soupe de pignons de pin**
- **4 tranches de pain de mie**
- **Sel**

Lavez et râpez les courgettes avec leur peau. Chauffez l'huile dans une poêle et mettez-y les courgettes. Laissez cuire à feu doux en mélangeant régulièrement, jusqu'à l'évaporation de l'eau végétale, pendant 10 minutes environ. Salez, ajoutez du basilic ciselé et la crème.

Répartissez les courgettes dans des verrines allant au four et déposez 1 fromage de chèvre sur chacune d'elles. Saupoudrez d'herbes de Provence et de pignons.

Chauffez le four en position gril puis placez-y les verrines pendant environ 5 à 6 minutes afin que le fromage commence à fondre et à gratiner.

Servez avec du pain de mie toasté.

Chutney de rhubarbe et mousse de foie gras

Préparation : 45 minutes · Repos : 6 heures · Cuisson : 50 minutes
Difficulté : ★★ Budget : ★★

Pour 6 personnes

Pour le chutney

- **200 g de rhubarbe**
- **1 échalote**
- **120 g de vergeoise**
- **8 cl de vinaigre de cidre**
- **Sel et poivre**

Pour la mousse

- **180 g de foie gras**
- **22 cl de crème fleurette**

Pour le décor

- **3 tranches de pain d'épices**
- **Fleur de sel**

Pelez et coupez la rhubarbe en tronçons.

Pelez et émincez finement l'échalote. Mélangez la rhubarbe et la vergeoise, laissez mariner au moins 2 heures.

Versez la rhubarbe dans une casserole, ajoutez l'échalote et le vinaigre. Laissez cuire à feu doux pendant 45 minutes, en mélangeant régulièrement. Salez et poivrez. Versez dans un bocal et laissez refroidir.

Préparez la mousse : coupez le foie gras en petits morceaux, placez-les dans une casserole avec la crème et portez à ébullition puis laissez cuire à feu doux 5 à 6 minutes pour que le foie gras soit totalement fondu. Salez, poivrez et mixez le tout à l'aide d'un mixeur plongeant à soupe, laissez refroidir puis reposer 2 heures au frais.

Répartissez le chutney de rhubarbe dans les verrines. Fouettez la crème au foie gras jusqu'à l'obtention d'une mousse et, à l'aide d'une poche à douille, remplissez les verrines. Placez au frais 2 heures.

Poivrez, saupoudrez de fleur de sel et servez accompagné de mouillettes de pain d'épices.

Cocktail de crevettes grises

Préparation : 20 minutes · Difficulté : ★ Budget : ★

Pour 4 verrines

- **2 tomates**
- **1 cuil. à soupe d'huile d'olive**
- **Le jus de ½ citron**
- **150 g de crevettes grises (décortiquées)**
- **100 g d'œufs de lump rouges**
- **4 cuil. à soupe de crème fraîche épaisse allégée**
- **Persil**

Lavez, épépinez et coupez les tomates en petits dés. Arrosez-les d'huile d'olive et de jus de citron.

Placez une couche de dés de tomates dans le fond des verrines, puis la moitié des crevettes et couvrez de 1 petite cuil. à café d'œufs de lump.

Renouvelez les 3 opérations. Mélangez la crème et 3 cuil. à café d'œufs de lump et nappez les verrines.

Décorez de quelques crevettes grises et d'un brin de persil. Servez bien frais.

Conseil : ne salez pas les tomates car les œufs de lump le sont suffisamment.

Cocktail de gambas

Préparation : 20 minutes · Cuisson : 20 minutes · Difficulté : ★★ Budget : ★★★

Pour 6 verrines

- **6 feuilles de brick**
- **30 g de beurre**
- **30 gambas**
- **3 cuil. à soupe de mayonnaise**
- **2 cuil. à soupe de ketchup**
- **1 cuil. à soupe de whisky**
- **Tabasco®**
- **12 asperges vertes**
- **50 g de graines germées**

Préchauffez le four à 180 °C (th. 6).

Coupez les feuilles de brick afin d'obtenir des disques de 20 cm de diamètre. Badigeonnez-les de beurre fondu et placez-les dans des coupelles allant au four et largement beurrées (ces coupelles devront être de même diamètre que les verrines utilisées pour la présentation). Formez des corolles évasées et maintenez-les en place avec une boule de papier sulfurisé placée au centre. Mettez au four pour 10 minutes.

Lorsque les corolles sont bien dorées, démoulez-les, placez le fond vers le haut et continuez la cuisson 10 minutes afin de les faire dorer.

À la fin de la cuisson, les corolles doivent être entièrement dorées. Réservez dans un endroit sec. Décortiquez les gambas en laissant l'extrémité de la queue. Mélangez la mayonnaise, le ketchup, le whisky et le Tabasco. Épluchez et faites cuire les asperges.

Au moment de servir, placez quelques graines germées dans les verrines, positionnez les corolles, mettez 2 gambas au fond et 1 cuil. à café de sauce. Placez 2 asperges, des gambas à cheval sur la corolle et des graines germées au centre.

Servez accompagné d'une coupelle de sauce.

Confit d'oignons à la vergeoise et brochettes de foies de volaille

Préparation : 30 minutes · Cuisson : 45 minutes · Difficulté : ★ Budget : ★★

Pour 6 personnes

- **500 g d'oignons rouges**
- **2 cuil. à soupe d'huile d'olive**
- **2 cuil. à soupe de vergeoise brune**
- **5 cl de vinaigre de framboise**
- **300 g de foie de canard confit**
- **Sel et poivre**

Coupez les oignons en fines lamelles. Faites chauffer l'huile d'olive dans une sauteuse et faites-y blondir les oignons à feu doux.

Ajoutez la vergeoise, mélangez puis ajoutez le vinaigre. Salez, poivrez et laissez compoter 30 minutes à feu très doux en mélangeant de temps en temps. Le confit prend une belle couleur brune.

Conservez le confit dans un bocal à confiture, laissez refroidir.

Réchauffez le foie de canard, en suivant les instructions (au bain-marie ou au micro-ondes) afin de retirer le maximum de graisse. Coupez le foie en morceaux et placez-le sur de petites brochettes.

Placez du confit d'oignons dans les verrines et servez accompagné de brochettes.

Confits de figues et fromage

Préparation : 10 minutes · Cuisson : 30 minutes · Difficulté : ★ Budget : ★★

Pour 6 petites verrines

- **400 g de figues**
- **2 cuil. à soupe de sucre**
- **200 g de gouda fruité**
- **Bretzels (sticks)**

Réservez 2 figues et coupez les autres en quatre.

Déposez-les dans une casserole avec le sucre et 2 cuil. à soupe d'eau.

Laissez-les cuire à feu doux 30 minutes environ, en mélangeant de temps en temps. Laissez refroidir.

Versez le confit de figues dans les verrines. Coupez le fromage en dés et utilisez les bretzels comme piques.

Décorez chaque verrine avec un quart de figue.

Conseil : vous trouverez dans le commerce des confits de figues prêts à l'emploi ou, à défaut, de la confiture de figues, mais souvent très sucrée.

Crabe à l'avocat et au pamplemousse

Préparation : 40 minutes · Repos : 20 minutes · Difficulté : ★ Budget : ★★★

Pour 6 verrines

- **1 avocat**
- **1 cuil. à café de jus de citron**
- **10 cl de crème liquide**
- **1 cuil. à café d'huile de noisette**
- **1 pamplemousse**
- **1 feuille de gélatine**
- **10 cl de sauce cocktail**
- **150 g de chair de crabe**
- **Sel et poivre**

Coupez l'avocat en deux et ôtez le noyau. À l'aide d'une cuillère à soupe, détachez la chair de l'avocat. Coupez-la en morceaux et mettez-la dans un petit mixeur avec le jus de citron, 1 cuil. à café de crème liquide, l'huile, le sel et le poivre. Mixez jusqu'à obtention d'un mélange crémeux, puis réservez au frais. Pelez le pamplemousse à vif. En suivant ses courbes, coupez à la fois la partie orangée, la partie blanche, la fine peau qui recouvre les quartiers et un peu de pulpe. Passez ensuite la lame du couteau entre les quartiers de manière à ne conserver que des quartiers de pulpe, appelés suprêmes. Coupez chacun d'entre eux en petits triangles, puis réservez. Mettez la crème liquide dans un grand récipient. À l'aide d'un fouet électrique, montez-la en chantilly.

Mettez la feuille de gélatine dans un bol d'eau froide pour la ramollir, puis pressez-la dans la main. Placez-la dans un bol au four à micro-ondes quelques secondes pour la faire fondre. À l'aide d'une spatule, incorporez tout doucement la gélatine à la crème. Ajoutez la sauce cocktail et mettez au frais pendant 20 minutes. Au moment de servir, disposez une couche de crème d'avocat au fond de chaque verrine. Répartissez par-dessus une couche de morceaux de pamplemousse, puis couvrez le pamplemousse avec les miettes de crabe. Mettez la crème à la sauce cocktail dans une seringue à décorer. Complétez la verrine en déposant un dôme de crème fouettée.

Crabe au pamplemousse vert et à l'avocat

Préparation : 45 minutes · Repos : 1 heure · Cuisson : 5 minutes
Difficulté : ★ Budget : ★★

Pour 4 verrines

- **10 cl de coulis de tomates**
- **½ cuil. à café de céleri en poudre**
- **½ cuil. à café d'agar-agar**
- **1 pamplemousse vert**
- **2 avocats bien mûrs**
- **Piment de Cayenne**
- **140 g de chair de crabe**
- **1 cuil. à café de baies roses**
- **Persil**
- **Sel**

Portez à ébullition le coulis de tomates dilué avec 4 cuil. à soupe d'eau, ajoutez le céleri en poudre et l'agar-agar. Laissez bouillir 1 minute puis laissez tiédir.

Lavez bien le pamplemousse. Prélevez quelques zestes et réservez-les. Épluchez le pamplemousse à vif afin de récolter la pulpe.

Placez la chair des avocats dans le bol d'un mixeur avec la chair de la moitié du pamplemousse, le piment et mixez le tout jusqu'à l'obtention d'une purée bien lisse. Salez et versez cette purée dans les verrines pour les remplir à moitié. Nappez de coulis de tomates et placez les verrines au frais jusqu'à ce qu'elles gélifient.

Égouttez la chair de crabe, mélangez-la à la seconde moitié de pamplemousse, ajoutez les baies et du persil haché. Déposez le crabe sur le gélifié de tomates.

Décorez avec les zestes de pamplemousse vert et placez au frais. Servez bien frais.

Conseil : vous pouvez remplacer l'agar-agar par 1/2 feuille de gélatine que vous aurez fait ramollir dans l'eau froide.

Crème brûlée au roquefort et mousse de poires

Préparation : 30 minutes · Repos : 4 heures · Cuisson : 2 h 50 · Difficulté : ★ Budget : ★

Pour 6 mini verrines

Pour la crème brûlée

- **2 jaunes d'œufs**
- **16 cl de crème liquide**
- **60 g de roquefort**

Pour la mousse

- **2 poires**
- **Sucre glace**
- **16 cl de crème liquide**

Fouettez les jaunes d'œufs et ajoutez la crème doucement pour ne pas faire de mousse.

Versez dans des verrines allant au four et ajoutez le fromage coupé en morceaux.

Faites cuire 50 minutes à 110 °C (th. 3-4).

Coupez 1 poire en fines tranches à l'aide d'une mandoline, placez-les sur une plaque de cuisson recouverte d'une feuille de papier sulfurisé et saupoudrez de sucre glace. Placez cette plaque en même temps dans le four si vous possédez la fonction « chaleur tournante ». Les tranches de poire doivent cuire de 1 h 30 à 2 heures et sécher sans brûler. Baissez la température si elles prennent une coloration.

Laissez-les refroidir dans le four éteint.

Réduisez la seconde poire en purée (avec une râpe fine) et mélangez-la à la crème. Placez au frais pendant 4 heures.

Montez la crème en chantilly. Placez la mousse de poire sur la crème brûlée refroidie et décorez d'une lamelle de poire.

Crème d'asperges et son nuage au parmesan

Préparation : 30 minutes · Repos : 1 nuit · Cuisson : 25 minutes
Difficulté : ★ Budget : ★★

Pour 6 verrines

- **10 cl de crème liquide entière**
- **50 g de parmesan râpé**
- **18 asperges vertes**
- **30 cl de lait**
- **4 jaunes d'œufs**
- **20 cl de crème liquide**
- **Parmesan (en copeaux)**
- **Sel et poivre**

La veille, faites chauffer les 10 cl de crème liquide entière et ajoutez le parmesan râpé. Quand ce dernier a bien fondu, laissez cette crème refroidir et placez-la au frais pendant une nuit.

Épluchez les asperges et faites-les cuire 10 minutes dans l'eau bouillante, les pointes hors de l'eau. Égouttez-les, coupez les pointes et mixez les tiges tendres.

Faites chauffer le lait dans une casserole. Fouettez les jaunes d'œufs avec un peu de sel. Versez le lait bouillant sur les jaunes, sans cesser de battre.

Remettez le tout dans la casserole, puis faites épaissir en mélangeant constamment. Quand la sauce nappe la cuillère en bois, retirez-la du feu et ajoutez la purée d'asperges. Salez et poivrez.

Fouettez les 20 cl de crème en chantilly et incorporez-la à la crème d'asperges. Répartissez cette crème dans les verrines.

Fouettez la crème au parmesan en chantilly.

Déposez une quenelle de chantilly sur la crème d'asperges. Décorez de copeaux de parmesan et servez accompagné des pointes d'asperges.

Crème de chou-fleur

Préparation : 20 minutes · Cuisson : 40 minutes · Difficulté : ★ Budget : ★★

Pour 6 personnes

- **600 g de chou-fleur**
- **50 cl de lait**
- **100 g de lardons**
- **20 cl de crème liquide**
- **6 tranches de bacon**
- **30 g de beurre demi-sel**
- **Cerfeuil**
- **Sel et poivre**

Faites cuire le chou-fleur dans une grande casserole d'eau salée pendant 15 minutes.

Égouttez-le et replacez-le dans la casserole avec le lait et les lardons.

Laissez cuire 20 minutes à feu doux, jusqu'à ce que le chou-fleur soit très tendre. Ajoutez la crème, salez, poivrez et mixez le tout au mixeur plongeant.

Faites frire les tranches de bacon dans le beurre.

Versez la crème de chou-fleur dans les verrines et servez accompagné de bacon frit. Décorez de cerfeuil ou de persil.

Crème de potiron aux moules

Préparation : 30 minutes · Cuisson : 30 minutes · Difficulté : ★ Budget : ★

Pour 6 personnes

- **500 g de moules**
- **20 g de beurre**
- **1 échalote**
- **Persil**
- **15 cl de vinaigre de vin blanc**
- **400 g de potiron**
- **15 cl de crème liquide**
- **½ cuil. à café de gingembre en poudre**
- **Sel et poivre**

Grattez les moules et lavez-les.

Dans une grande cocotte, faites fondre le beurre et mettez l'échalote finement hachée à fondre. Ajoutez les moules, une branche de persil et le vinaigre de vin blanc. Salez légèrement, poivrez, couvrez et mettez à cuire à feu vif, en mélangeant de temps en temps.

Arrêtez la cuisson au bout de 10 minutes lorsque toutes les moules sont ouvertes. Égouttez les moules, retirez-les des coquilles et filtrez le jus.

Épluchez et coupez le potiron en petits cubes de 3 cm de côté environ. Mettez-les à cuire dans une casserole d'eau bouillante salée 15 minutes puis égouttez-les.

Mixez le potiron cuit avec la crème liquide, le jus de cuisson des moules et le gingembre à l'aide d'un mixeur plongeant, jusqu'à l'obtention d'une crème. Salez et poivrez.

Placez les moules dans les verrines et versez la crème de potiron. Décorez d'un brin de persil et d'une moule en brochette.

Crème de saumon

Préparation : 45 minutes · Cuisson : 20 minutes · Difficulté : ★ Budget : ★★★

Pour 6 verrines

- **200 g de pousses d'épinards**
- **3 cuil. à soupe de crème fraîche épaisse**
- **3 portions de fromage fondu**
- **Beurre**
- **220 g de saumon**
- **12 cl de crème liquide**
- **Aneth**
- **100 g d'œufs de saumon**
- **Sel et poivre**

Nettoyez et retirez la tige centrale des épinards puis faites-les suer dans une noix de beurre.

Placez-les ensuite dans le bol d'un mixeur avec la crème et le fromage, mixez puis salez et poivrez.

Répartissez cette crème d'épinard dans les verrines et placez au frais.

Faites cuire les pavés de saumon en papillote (enveloppés dans de l'aluminium dans un four à 180 °C, th. 6) ou à la vapeur, pendant 15 minutes.

Mixez le saumon émietté avec la crème liquide, l'aneth haché, salez et poivrez. Versez cette crème dans les verrines.

Enfin, déposez quelques œufs de poisson et décorez d'un brin d'aneth. Réservez au frais.

Crèmes brûlées au chèvre et aux pignons

Préparation : 10 minutes · Cuisson : 5 minutes · Difficulté : ★ Budget : ★

Pour 6 verrines

- **2 jaunes d'œufs**
- **15 cl de crème liquide**
- **60 g de chèvre frais**
- **2 cuil. à soupe de pignons de pin**
- **Roquette**
- **6 tomates cerise**

Préchauffez le four à 110 °C (th. 3-4).

Fouettez les jaunes d'œufs et ajoutez la crème doucement pour ne pas créer de mousse. Versez dans des verrines pouvant aller au four, ajoutez le fromage coupé en morceaux et la moitié des pignons.

Faites cuire 50 minutes au four, puis laissez refroidir.

Faites griller à sec dans une poêle l'autre moitié des pignons.

Au moment de servir, décorez chaque verrine de feuilles de roquette, de pignons grillés et d'une tomate cerise.

Crèmes de petits pois

Préparation : 30 minutes · Repos : 2 heures · Cuisson : 20 minutes
Difficulté : ★ Budget : ★★

Pour 6 verrines

- **1 cube de bouillon de volaille**
- **600 g de petits pois**
- **80 g de lardons**
- **1 oignon**
- **4 feuilles de gélatine**
- **15 cl de crème liquide**
- **150 g de magrets de canard**
- **Sel et poivre**

Faites bouillir 50 cl d'eau avec le cube de bouillon de volaille, ajoutez les petits pois, les lardons, l'oignon finement haché, salez et laissez cuire 20 minutes.

Égouttez les petits pois, les lardons et les oignons en conservant le bouillon.

Prélevez 18 cl de bouillon et ajoutez la gélatine préalablement ramollie dans de l'eau froide.

Répartissez un tiers des petits pois, lardons et oignons dans les verrines et versez le bouillon par-dessus. Laissez refroidir et placez au frais pour que la gélatine prenne.

Mixez le restant de petit pois, lardons et oignons avec 15 cl de bouillon et la crème, salez et poivrez. Réservez au frais et versez dans les verrines lorsque la gelée est prise.

Déposez les filets de magret de canard émincé et décorez de petits pois.

Crevettes et son espuma au curry

Préparation : 30 minutes · Repos : 3 heures · Difficulté : ★ Budget : ★

Pour 4 personnes

- **1 cuil. à soupe de pâte de curry jaune**
- **5 cl de bouillon de légumes**
- **15 cl de crème liquide entière**
- **1 cuil. à soupe d'huile d'arachide**
- **24 crevettes**
- **1 cuil. à café de curry doux**
- **Sel et poivre**

Diluez la pâte de curry avec le bouillon de légumes chaud. Laissez refroidir.

Ajoutez la crème, l'huile, poivrez et salez si nécessaire. Filtrez à l'aide d'un chinois et versez la préparation dans le siphon, fermez soigneusement, ajoutez une cartouche de gaz, secouez-le énergiquement et placez au frais 3 heures.

Décortiquez les crevettes en laissant l'extrémité des queues. Dressez-les dans une verrine ou une assiette. Déposez au centre l'espuma au curry. Saupoudrez d'un peu de poudre de curry puis servez aussitôt.

Crumble aux courgettes

Préparation : 30 minutes · Cuisson : 20 minutes · Difficulté : ★ Budget : ★

Pour 6 personnes

- **3 échalotes**
- **Huile d'olive**
- **3 courgettes**
- **100 g de beurre**
- **60 g de farine**
- **40 g de chapelure**
- **70 g de parmesan râpé**
- **Basilic**
- **Sel et poivre**

Préchauffez le four à 180 °C (th. 6).

Émincez les échalotes et faites-les revenir dans l'huile d'olive. Laissez la peau des courgettes et coupez-les en petits cubes, ajoutez-les aux échalotes, faites-les dorer puis laissez-les cuire à feu doux 15 minutes. Salez et poivrez.

Dans un bol, écrasez le beurre en pommade à l'aide d'une fourchette. Ajoutez la farine, la chapelure, le parmesan râpé et du basilic ciselé, mélangez du bout des doigts afin d'obtenir un gros sablé. Placez au frais 30 minutes.

Versez les légumes dans les verrines et émiettez le crumble au-dessus. Enfournez pour 20 minutes. Le crumble doit légèrement dorer.

Crumble de poires au roquefort

Préparation : 20 minutes · Repos : 1 h 30 · Cuisson : 25 minutes
Difficulté : ★ Budget : ★★

Pour 6 verrines

- **4 poires**
- **80 g de crème de roquefort**
- **100 g de roquefort**
- **60 g de farine**
- **60 g de chapelure**
- **30 g de poudre d'amandes**

Épluchez et coupez les poires en dés, placez-les dans une casserole avec 3 cuil. à soupe d'eau et laissez cuire 5 minutes.

Ajoutez la crème de roquefort et mélangez jusqu'à ce qu'elle ait totalement fondu.

Versez les poires dans les verrines et placez au frais pendant 1 heure.

Travaillez le roquefort tempéré à la fourchette. Lorsqu'il prend la consistance d'une pommade, ajoutez la farine, la chapelure et la poudre d'amandes. Mélangez à la fourchette au début puis du bout des doigts ensuite pour obtenir des sortes de grosses miettes.

Laissez reposer 30 minutes au frais.

Étalez la pâte à crumble sur une plaque de cuisson recouverte d'une feuille de papier sulfurisé et mettez au four 20 minutes à 180 °C (th. 6). Le crumble doit légèrement colorer.

Au moment de servir, placez le crumble sur les poires.

Espuma de bisque de homard et ses petites crevettes grises

Préparation : 45 minutes · Repos : 3 heures · Cuisson : 30 minutes
Difficulté : ★ Budget : ★★★

Pour 6 verrines

- **1 feuille de gélatine**
- **20 cl de bisque de homard**
- **5 cl de crème liquide entière**
- **100 g de crevettes grises**
- **1 feuille de brick**
- **20 g de beurre**
- **3 tomates**
- **1 cuil. à soupe d'huile d'olive**
- **Ciboulette**
- **2 tomates cerise**
- **Sel et poivre**

Faites ramollir la feuille de gélatine dans de l'eau froide.

Faites chauffer la bisque de homard, ajoutez la feuille de gélatine puis, hors du feu, la crème. Filtrez et versez le tout dans le réservoir d'un siphon. Fermez et ajoutez 2 cartouches de gaz, secouez énergiquement puis placez au frais au minimum 3 heures. Préchauffez le four à 180 °C (th. 6). Réservez 6 crevettes entières, puis décortiquez le reste.

Coupez 6 disques de feuille de brick de la taille des verrines. Badigeonnez-les de beurre fondu et posez-les sur du papier sulfurisé (n'utilisez surtout pas le papier des feuilles de brick). Faites-les dorer 20 minutes au four. Plongez les tomates quelques secondes dans l'eau bouillante, puis dans l'eau froide et retirez la peau. Épépinez-les et coupez la chair des tomates en petits dés. Arrosez-les d'huile d'olive, ajoutez quelques brins de ciboulette ciselés, salez et poivrez. Répartissez le concassé de tomates dans les verrines, puis disposez les crevettes. Au moment de servir, secouez énergiquement le siphon et placez l'espuma dans les verrines jusqu'à ras bord.

Formez de petites brochettes avec une crevette et ¼ de tomate cerise. Placez un disque de feuille de brick et piquez la brochette au centre. Servez aussitôt.

Faisselle aux herbes et gambas

Préparation : 20 minutes · Repos : 1 heure · Difficulté : ★ Budget : ★★

Pour 6 verrines

- **600 g de faisselle**
- **400 g de gambas**
- **2 cuil. à soupe d'huile d'olive**
- **2 cuil. à café de basilic déshydraté**
- **1 cuil. à café de confit de tomates séchées**
- **8 tomates confites**
- **2 gousses d'ail**
- **1 cuil. à café d'herbes de Provence**
- **Thym**
- **Sel et poivre**

Faites s'égoutter la faisselle pendant 1 heure.

Arrosez les gambas d'huile d'olive, ajoutez la moitié du basilic et le confit de tomates séchées.

Coupez les tomates confites en petits morceaux. Mélangez la faisselle avec l'ail finement haché, les herbes de Provence, le reste de basilic, salez et poivrez.

Dans les verrines, placez les gambas puis les tomates confites et couvrez de faisselle aux herbes.

Déposez 2 gambas et un morceau de tomate confite sur la faisselle, décorez d'un brin de thym et réservez au frais.

Conseil : si vous n'avez pas laissé la faisselle s'égoutter pendant 1 heure, servez rapidement vos verrines pour éviter que le liquide ne s'écoule sur les gambas.

Feuilleté de saumon

Préparation : 30 minutes · Cuisson : 20 minutes · Difficulté : ★ Budget : ★★

Pour 6 verrines

- **4 feuilles de brick**
- **30 g de beurre**
- **200 g de ricotta**
- **90 g de tarama**
- **300 g de saumon fumé**
- **Le jus de ½ citron**
- **Aneth**

Préchauffez le four à 180 °C (th. 6).

À l'aide d'un emporte-pièce de la taille des verrines utilisées, découpez des disques de feuille de brick. Badigeonnez-les de beurre fondu et faites-les dorer 20 minutes au four, posés sur du papier sulfurisé (n'utilisez surtout pas le papier des feuilles de brick).

Mélangez la ricotta et le tarama.

Arrosez le saumon avec le jus du demi-citron, ajoutez l'aneth et réservez.

Au moment de servir, créez une sorte de mille-feuille en alternant 2 ou 3 disques de brick réunis, le mélange à la ricotta et les dés de saumon.

Terminez par des dés de saumon et décorez avec un disque de feuille de brick et un brin d'aneth. Servez aussitôt.

Conseil : préparez tout à l'avance mais ne réalisez le montage qu'au moment de servir car la feuille de brick perd rapidement son croustillant.

Figues et fromage de chèvre

Préparation : 20 minutes · Cuisson : 30 minutes · Difficulté : ★ Budget : ★★

Pour 4 personnes

- **300 g de figues**
- **70 g de sucre roux**
- **1 oignon blanc**
- **8 cl de vinaigre de vin blanc**
- **100 g de chèvre frais**
- **1 cuil. à soupe de mascarpone**
- **60 g de noix**
- **Sel et poivre**

Réservez 6 figues et coupez les autres en quatre. Déposez-les dans une casserole avec le sucre, l'oignon haché et le vinaigre. Salez, poivrez et laissez cuire à feu doux 30 minutes environ en mélangeant de temps en temps. Laissez refroidir.

Coupez 3 figues que vous avez réservées en fines tranches et placez-les sur les parois des verrines. Versez un peu de chutney dans les verrines.

Travaillez le fromage de chèvre avec le mascarpone et les noix concassées. Remplissez les verrines de fromage aux noix puis couvrez d'un peu de chutney.

Coupez le restant de figues en quatre et déposez-les sur les verrines. Saupoudrez d'un peu de noix hachées.

Conseil : conservez le restant de chutney dans un bocal en verre au réfrigérateur pendant 2 semaines. Vous pouvez le déguster avec du fromage ou un bon magret de canard.

Flans printaniers

Préparation : 20 minutes · Cuisson : 30 minutes · Difficulté : ★ Budget : ★

Pour 6 personnes

- **100 g de petits pois**
- **100 g de carottes (petites)**
- **100 g de haricots verts**
- **50 g d'oignons blancs**
- **2 œufs**
- **100 g de ricotta**
- **11 cl de lait**
- **Basilic**
- **Roquette**
- **12 asperges vertes**
- **6 tomates cerise**
- **100 g de gésiers de volaille**
- **Sel et poivre**

Préchauffez le four à 180 °C (th. 6). Lavez les légumes et coupez, en petits tronçons, les carottes et les haricots verts. Épluchez et coupez en quatre les oignons.

Répartissez tous les légumes dans 6 verrines pouvant aller au four.

Battez les œufs, la ricotta et le lait, ajoutez le basilic, salez et poivrez. Versez cette préparation sur les légumes pour qu'elle les recouvre à hauteur.

Mettez au four dans un bain-marie à 180 °C (th. 6) pour 30 minutes.

À la sortie du four laissez refroidir puis placez au frais.

Au moment de servir, déposez sur les flans quelques feuilles de roquette, les asperges, les tomates cerise coupées en deux et quelques morceaux de gésiers. Accompagnez d'une vinaigrette.

Foie gras et chutney de fruits rouges

Préparation : 20 minutes · Cuisson : 50 minutes · Difficulté : ★ Budget : ★★★

Pour 4 verrines

- **250 g de fruits rouges frais**
- **2 échalotes**
- **100 g de sucre**
- **5 cl de vinaigre de framboise**
- **200 g de foie gras**
- **Groseilles (fraîches)**

Nettoyez, égrappez et équeutez les fruits rouges que vous mettrez dans une casserole avec les échalotes émincées, le sucre et le vinaigre.

Portez à ébullition puis laissez cuire à feu doux 50 minutes environ jusqu'à l'obtention d'une compote.

Laissez refroidir et versez dans les verrines.

Coupez le foie gras et placez-le sur le chutney. Décorez de groseilles fraîches.

Conseil : vous pouvez utiliser des fruits surgelés mais décongelez-les au préalable et égouttez-les bien. Le temps de cuisson peut, dans ce cas, être rallongé.

Foie gras, chutney figues-poires et pétales de maïs

Préparation : 1 h 40 · Repos : 1 heure · Cuisson : 40 minutes
Difficulté : ★ Budget : ★★★

Pour 6 verrines

- **150 g de figues**
- **½ poire**
- **½ oignon blanc**
- **10 g de beurre**
- **5 cl de vinaigre de cidre**
- **50 g de vergeoise**
- **Noix de muscade en poudre**
- **Cannelle en poudre**
- **Gingembre frais**
- **20 g de pétales de maïs**
- **40 g de foie gras de canard**
- **Sel et poivre**

Pour le chutney : lavez les figues et séchez-les. Ôtez la queue et coupez-les en petits quartiers.

Épluchez la demi-poire, enlevez le cœur et coupez-la en petits morceaux.

Épluchez l'oignon et hachez-le au mixeur.

Faites fondre le beurre dans une poêle antiadhésive, ajoutez l'oignon haché, puis faites-le cuire quelques minutes à feu doux.

Mettez le vinaigre et la vergeoise dans une casserole. Portez à ébullition en remuant régulièrement, puis baissez complètement le feu. Ajoutez les figues, les morceaux de poire, l'oignon, une pincée de muscade, de cannelle et une pointe de couteau de gingembre frais râpé.

Salez, poivrez et couvrez à moitié.

Laissez compoter à feu très doux pendant 30 minutes.

Placez ensuite au réfrigérateur au moins 1 heure.

Au moment de servir, mettez un peu de chutney au fond de chaque verrine, puis disposez une couche de pétales de maïs et, enfin, quelques dés de foie gras.

Fricassée de Saint-Jacques aux cèpes

Préparation : 45 minutes · Cuisson : 45 minutes · Difficulté : ★ Budget : ★★★

Pour 6 verrines

- **1 cuil. à soupe d'huile d'olive**
- **300 g de cèpes**
- **1 cuil. à soupe de persil haché**
- **2 gousses d'ail**
- **1 cuil. à café de fond de poisson**
- **15 cl de crème fleurette**
- **20 g de parmesan râpé**
- **30 g de beurre**
- **20 copeaux de parmesan**
- **24 noix de Saint-Jacques**
- **Persil**
- **Sel et poivre**

Faites chauffer l'huile dans une poêle, puis faites revenir les cèpes coupés en gros morceaux.

Ajoutez le persil, l'ail et laissez cuire jusqu'à ce que l'eau de végétation soit totalement évaporée. Ajoutez le fond de poisson, dilué dans 10 cl d'eau chaude, puis la crème.

Laissez mijoter 5 minutes à feu doux puis ajoutez 20 g de parmesan râpé et rectifiez l'assaisonnement.

Faites chauffer le beurre et un peu d'huile d'olive dans une grande poêle. Lorsque la poêle est bien chaude, faites dorer les noix de Saint-Jacques 1 minute de chaque côté. Salez et poivrez.

Répartissez les cèpes dans les verrines, déposez les noix de Saint-Jacques, décorez de copeaux de parmesan et d'un brin de persil. Servez aussitôt.

Granités de tomates et pesto

Préparation : 20 minutes · Cuisson : 1 minute · Congélation : 3 heures
Difficulté : ★★ Budget : ★

Pour 6 personnes

- **8 tomates**
- **2 cuil. à soupe de concentré de tomates**
- **2 gousses d'ail**
- **1 cuil. à café de sucre**
- **1 cuil. à soupe d'huile d'olive**
- **Tabasco®**
- **80 g de pesto**
- **Basilic**
- **Sel et poivre**

Plongez les tomates dans une casserole d'eau bouillante pendant 1 minute.

Pelez-les, retirez les pépins et mixez la chair avec le concentré de tomates, l'ail et le sucre. Salez et poivrez.

Ajoutez l'huile d'olive et quelques gouttes de Tabasco.

Versez ce coulis dans un bac et placez-le au congélateur 3 heures. Toutes les demi-heures, remuez le tout avec une fourchette afin d'obtenir un granité.

Au moment de servir, placez 1 cuil. à soupe de pesto dans les verrines et déposez le granité. Décorez de feuilles de basilic. Servez rapidement.

Gratin de potimarron, vitelotte et crème de camembert

Préparation : 1 h 30 · Cuisson : 1 h 20 · Difficulté : ★★ Budget : ★

Pour 6 verrines

- **1 potimarron (de 1 kg environ)**
- **50 cl de crème liquide entière**
- **6 pommes de terre vitelotte**
- **250 g de camembert**
- **Sel et poivre**

Préchauffez votre four à 220 °C (th. 7-8). Pelez le potimarron et coupez la queue. Placez-le dans une cocotte-minute avec de l'eau. Laissez cuire pendant 15 minutes à partir du chuchotement de la soupape. Égouttez le potimarron, coupez-le en deux et ôtez les graines. Coupez des lamelles de 1 cm d'épaisseur. Dans un petit plat à gratin, réalisez des couches de potimarron. Salez et nappez chaque couche en utilisant 15 cl de crème. Mettez au four et laissez cuire pendant 40 minutes. Lavez les pommes de terre vitelotte, puis faites-les cuire avec la peau pendant 20 minutes. Égouttez-les et pelez-les. Écrasez-les à la fourchette ou passez-les au presse-purée. Faites chauffer un peu de crème et incorporez-la à la purée jusqu'à obtention de la consistance désirée. Salez, poivrez et réservez. Coupez une tranche de camembert de 0,5 cm d'épaisseur et coupez-la en six morceaux (ils vous seront utiles en fin de recette pour décorer vos verrines). Ôtez la peau du camembert et coupez-le en petits morceaux. Mettez-le à feu très doux dans une petite casserole avec 5 cl de crème et remuez jusqu'à obtention d'une crème épaisse. Laissez tiédir. Au moment de servir, mettez une couche de gratin de potimarron au fond de chaque verrine. Disposez ensuite une couche de crème de camembert, puis de la purée de vitelotte. Décorez votre verrine avec un petit morceau de camembert posé sur la purée. Réchauffez vos verrines juste avant de servir afin que la crème de camembert soit fondue.

Guacamole de courgettes

Préparation : 20 minutes · Cuisson : 20 minutes · Difficulté : ★ Budget : ★★

Pour 6 verrines

- **300 g de courgettes**
- **30 g de pignons de pin**
- **1 oignon**
- **75 g de chèvre frais**
- **1 cuil. à café de piment de Cayenne**
- **Sel**

Lavez les courgettes, coupez-les en morceaux et faites-les cuire à la vapeur 15 minutes, égouttez et laissez refroidir.

Faites griller les pignons à sec dans une poêle.

Épluchez l'oignon, coupez-le en morceaux et placez-le dans le bol d'un mixeur ou d'un blender.

Ajoutez les courgettes, les pignons, le fromage et le piment. Mixez jusqu'à obtention d'une consistance homogène et crémeuse.

Salez et ajustez le dosage du piment selon votre goût.

Servez accompagné de tortillas ou de bâtonnets de légumes crus.

Houmous

Préparation : 15 minutes · Repos : 2 heures · Difficulté : ★★ Budget : ★★

Pour 4 verrines

- **350 g de pois chiches en boîte**
- **Le jus de 1 citron**
- **2 gousses d'ail**
- **½ cuil. à soupe d'huile de sésame**
- **2 cuil. à soupe d'huile d'olive**
- **½ cuil. à café de cumin en poudre**
- **Sel**

Égouttez et rincez les pois chiches. Retirez leur peau en les pinçant un à un. Placez-les ensuite dans le bol d'un mixeur et réduisez-les en purée bien lisse.

Ajoutez le jus de citron et l'ail dégermé, mixez à nouveau. Si la purée est trop épaisse, ajoutez un peu d'eau afin d'obtenir une purée fine. Ajoutez les huiles, le cumin et salez.

Répartissez dans les verrines et placez au frais 2 heures.

Servez très frais, décorez d'olives noires et accompagnez de pain pita.

Iles flottantes truffées et foie gras

Préparation : 40 minutes · Cuisson : 25 minutes · Difficulté : ★★ Budget : ★★★

Pour 6 verrines

- **4 jaunes d'œufs**
- **60 cl de lait**
- **150 g de foie gras**
- **2 truffes (de petite taille)**
- **3 blancs d'œufs**
- **Graines germées**
- **Ciboulette**
- **Sel et poivre**

Fouettez les jaunes d'œufs, salez, poivrez et mélangez au fouet. Portez le lait à ébullition puis versez-le doucement sur les jaunes, sans cesser de fouetter. Reversez le tout dans la casserole et mettez sur feu doux pour faire épaissir, sans cesser de mélanger et sans faire bouillir. Ajoutez la moitié du foie gras et mélangez jusqu'à ce qu'il soit dissous. Mixez pour obtenir une crème lisse. Préchauffez le four à 160 °C (th. 5-6).

Râpez une des truffes et coupez la seconde en fines lamelles. Battez les blancs d'œufs en neige ferme avec une pincée de sel. Ajoutez ensuite la truffe râpée.

Sur une tourtière antiadhésive ou en silicone (vous pouvez aussi remplir des empreintes individuelles en silicone), formez 6 quenelles de blancs en neige et mettez-les au four 10 minutes. À la sortie du four, laissez refroidir.

Versez la crème au foie gras dans des verrines évasées, coupez le restant du foie gras en petits morceaux et placez-les dans la crème.

Déposez le blanc d'œuf au centre. Décorez de lamelles de truffe, de graines germées et de brins de ciboulette. Réservez au frais jusqu'au moment de servir.

Mousses au poivron et fromage frais au cumin

Préparation : 40 minutes · Repos : 2 h 15 · Cuisson : 15 minutes
Difficulté : ★★ Budget : ★

Pour 6 personnes

- **1 poivron rouge**
- **40 g de fromage frais**
- **1 feuille de gélatine**
- **12 cl de crème liquide**
- **150 g de fromage de chèvre**
- **1 cuil. à soupe de crème fraîche épaisse**
- **1 cuil. à café de cumin en poudre**
- **Sel et poivre**

Lavez le poivron, coupez-le en quatre et épépinez-le. Placez-le sur une plaque de cuisson peau vers le haut et passez-le sous le gril de votre four jusqu'à ce que la peau forme des boursouflures noires. Sortez-le du four, enfermez-le dans un sac congélation 15 minutes puis retirez la peau.

Placez 120 g de chair de poivron dans le bol d'un mixeur avec le fromage frais. Salez, poivrez et mixez le tout. Faites ramollir la feuille de gélatine dans un peu d'eau froide puis faites-la fondre 5 secondes au micro-ondes après l'avoir essorée. Incorporez-la à la purée de poivron.

Montez la crème liquide en chantilly et incorporez-la à la purée de poivron. Versez la préparation dans les verrines et placez au frais pour 2 heures.

Travaillez le fromage de chèvre avec la crème fraîche et remplissez une poche à douille. Déposez le fromage sur les mousses, saupoudrez de cumin et réservez au frais.

Mousses d'asperges

Préparation : 20 minutes · Repos : 2 heures · Cuisson : 5 minutes
Difficulté : ★ Budget : ★★

Pour 6 verrines

- **3 feuilles de gélatine**
- **400 g d'asperges vertes en bocal**
- **60 g de fromage blanc**
- **20 cl de crème liquide entière**
- **6 œufs de caille**
- **12 asperges vertes**
- **50 g de pousses de haricot mungo (germes de soja)**
- **6 radis**
- **6 tomates cerise**
- **Sel et poivre**

Faites ramollir les feuilles de gélatine dans de l'eau froide.

Égouttez et mixez les asperges.

Ajoutez le fromage blanc, la gélatine égouttée et dissoute au four à micro-ondes (10 secondes). Salez et poivrez.

Montez la crème en chantilly et incorporez-la aux asperges mixées.

Versez cette mousse dans les verrines et placez au frais pendant 2 heures.

Faites cuire les œufs de caille dans de l'eau bouillante pendant 5 minutes. Laissez refroidir et retirez la coquille, entièrement ou partiellement.

Décorez les mousses de pointes d'asperge et de pousses de haricots mungo. Placez un radis, une tomate cerise et un œuf de caille par personne.

Mousses d'avocats et crevettes

Préparation : 20 minutes · Difficulté : ★ Budget : ★★★

Pour 6 verrines

- **3 avocats**
- **Le jus de ½ citron**
- **200 g de ricotta**
- **Piment d'Espelette en poudre**
- **10 cl de crème liquide entière**
- **200 g de crevettes roses**
- **Graines germées de roquette**
- **Sel**

Mixez la chair des avocats avec le jus du citron. Ajoutez la ricotta, le piment et salez.

Montez la crème liquide en chantilly et incorporez-la délicatement à la préparation.

Versez cette mousse dans les verrines, placez les crevettes sur le dessus et finissez par quelques graines germées de roquette.

Servez accompagné d'une petite vinaigrette.

Mousses de betterave et sa garniture croquante

Préparation : 30 minutes · Repos : 2 heures · Cuisson : 1 minute
Difficulté : ★ Budget : ★

Pour 4 personnes

- **200 g de betteraves cuites**
- **120 g de fromage frais aux herbes**
- **20 cl de crème liquide**
- **2 feuilles de gélatine**
- **12 radis**
- **¼ de concombre**
- **8 brins de ciboulette**
- **Sel et poivre**

Mixez la betterave coupée en morceaux avec le fromage frais. Ajoutez la crème liquide, salez, poivrez, utilisez un mixeur plongeant pour bien émulsionner le mélange.

Essorez la gélatine et mettez-la à fondre au micro-ondes 5 secondes. Ajoutez-la à la mousse, mélangez bien, répartissez la préparation dans les verrines et placez au frais 2 heures minimum.

Lavez les radis et coupez-les en très fines rondelles. Lavez le concombre sans l'éplucher puis coupez-le en petits dés.

Décorez les mousses de légumes croquants, de ciboulette ciselée et servez bien frais.

Mousses de carottes au cumin et tuiles de parmesan

Préparation : 30 minutes · Cuisson : 20 minutes · Difficulté : ★ Budget : ★

Pour 4 verrines

- **400 g de carottes**
- **50 g de parmesan**
- **Graines de cumin**
- **80 g de fromage frais**
- **13 cl de crème liquide entière**
- **1 cuil. à café d'huile de sésame**
- **4 cuil. à café de cumin en poudre**
- **Sel**

Épluchez et faites cuire les carottes à l'eau ou à la vapeur pour qu'elles soient bien cuites. Égouttez-les et laissez-les refroidir.

Pendant ce temps, râpez le parmesan et formez des petits tas d'une valeur de 1 cuil. à soupe sur une plaque de cuisson recouverte d'une feuille de papier sulfurisé. Étalez-les légèrement et ajoutez quelques graines de cumin. Placez au four préchauffé pour 10 minutes à 180 °C (th. 6), surveillez bien, la cuisson est rapide. À la sortie du four, attendez que les tuiles soient totalement refroidies pour les décoller et les placer sur un papier absorbant.

Placez les carottes dans le bol d'un mixeur avec le fromage frais, 10 cl de crème, l'huile, le cumin en poudre et mixez l'ensemble. Salez et ajoutez petit à petit le reste de crème si besoin, la mousse ne doit pas être trop liquide pour se tenir dans les verrines.

Remplissez les verrines à l'aide d'une poche à douille cannelée, parsemez de graines de cumin et décorez avec 1 tuile de parmesan.

Mousses de courgettes basilic et saumon

Préparation : 40 minutes · Repos : 2 heures · Cuisson : 20 minutes
Difficulté : ★ Budget : ★★

Pour 4 personnes

- **2 courgettes (petites)**
- **1 échalote**
- **1 cuil. à soupe d'huile d'olive**
- **10 feuilles de basilic**
- **2 feuilles de gélatine**
- **20 cl de crème liquide entière**
- **4 tranches de saumon fumé**
- **1 citron**
- **Graines germées de radis**
- **Sel et poivre**

Épluchez les courgettes, une bande sur deux et coupez-les en dés.

Épluchez l'échalote et hachez-la. Faites-la suer sans colorer dans l'huile d'olive puis ajoutez les courgettes. Laissez cuire sur feu doux 15 minutes, les courgettes ne doivent pas dorer. Ajoutez le basilic haché, salez et poivrez.

Mixez les courgettes pour obtenir une préparation lisse. Ajoutez la gélatine ramollie dans l'eau froide.

Montez la crème liquide bien froide en chantilly et incorporez-la à la purée de courgettes tiédie. Répartissez la mousse dans les verrines et placez au frais 2 heures.

Coupez le saumon en lanières et placez-les sur la mousse. Arrosez d'un filet de jus de citron et déposez un peu de graines germées.

Mousses de foie gras et mangue

Préparation : 20 minutes · Repos : 2 heures · Cuisson : 10 minutes
Difficulté : ★ Budget : ★★★

Pour 10 verrines

- **180 g de foie gras**
- **20 cl de crème fleurette**
- **1 mangue**
- **Sel et poivre**

Coupez le foie gras en petits morceaux, placez-le dans une casserole avec la crème et portez à ébullition puis laissez cuire à feu doux 5 à 6 minutes pour que le foie gras soit totalement fondu. Salez, poivrez et mixez le tout à l'aide d'un mixeur-plongeant, laissez refroidir puis reposer 2 heures au frais.

Coupez la mangue en petits dés et répartissez-la dans les verrines.

Fouettez la crème au foie gras jusqu'à obtention d'une mousse et, à l'aide d'une poche à douille, remplissez les verrines.

Décorez de petits morceaux de mangue.

Œufs de caille sur rémoulade de surimi

Préparation : 20 minutes · Cuisson : 5 minutes · Difficulté : ★ Budget : ★★

Pour 6 verrines

- **12 œufs de caille**
- **150 g de surimi râpé**
- **120 g de fromage blanc**
- **4 cuil. à soupe de mayonnaise**
- **Aneth**
- **90 g d'œufs de truite**
- **Sel et poivre**

Faites bouillir de l'eau salée, plongez-y les œufs de caille et laissez cuire 5 minutes.

Retirez-les de l'eau bouillante et placez-les dans un saladier d'eau froide. Une fois totalement refroidis, retirez leurs coquilles.

Mélangez le surimi râpé avec le fromage blanc, la mayonnaise, 1 cuil. à soupe d'aneth ciselé, salez et poivrez.

Versez cette salade dans les verrines, déposez 2 œufs de caille écalés puis parsemez d'œufs de truite et décorez d'aneth.

Panna cotta au gorgonzola et raisins en gelée

Préparation : 40 minutes · Repos : 2 heures · Cuisson : 20 minutes
Difficulté : ★★ Budget : ★★

Pour 6 verrines

- **2 feuilles de gélatine**
- **30 cl de crème liquide entière**
- **60 g de gorgonzola**
- **10 cl de vin blanc**
- **300 g de raisins blancs**
- **50 g de parmesan râpé**
- **1 cuil. à café de graines de sésame doré**

Faites ramollir les feuilles de gélatine dans de l'eau froide.

Portez à ébullition la crème et le gorgonzola coupé en morceaux. Ajoutez 1 feuille de gélatine essorée, mélangez et versez cette crème dans 6 verrines de taille moyenne. Laissez refroidir puis placez au frais 1 heure minimum.

Portez le vin et 5 cl d'eau à ébullition. Ajoutez 1 feuille de gélatine essorée. Lavez et égrainez le raisin. Placez quelques grains sur chaque panna cotta bien gélifiée et versez le vin blanc. Laissez refroidir puis placez au frais, 1 heure également.

Faites des petits tas de parmesan sur une feuille de papier sulfurisé posée sur une plaque, étalez-les avec le dos d'une cuillère à soupe. Parsemez de graines de sésame et mettez au four chaud pour 10 minutes à 180 °C (th. 6). À la sortie du four, laissez refroidir totalement puis décollez avec une spatule.

Au moment de servir, décorez les verrines d'une tuile de parmesan.

Panna cotta au pesto

Préparation : 25 minutes · Repos : 2 heures · Cuisson : 10 minutes
Difficulté : ★ Budget : ★

Pour 4 verrines

- **25 cl de crème liquide entière**
- **15 cl de lait**
- **2 cuil. à café de pesto**
- **1 g d'agar-agar**
- **1 cuil. à soupe d'huile d'olive**
- **20 tomates cerise**
- **1 cuil. à soupe de pignons de pin**

Versez dans une casserole la crème, le lait, le pesto et faites chauffer. Ajoutez l'agar-agar et portez à ébullition. Versez dans les verrines et laissez refroidir, puis placez au frais pour 2 heures.

Faites chauffer l'huile dans une poêle, mettez-y les tomates cerise et poêlez-les 2 minutes, sans leur faire perdre leur forme. Laissez-les refroidir sur du papier absorbant.

Faites dorer à sec les pignons dans une poêle, puis réservez.

Au moment de servir, déposez des tomates cerise sur la panna cotta et ajoutez quelques pignons de pin grillés.

Conseil : servez avec des toasts. Vous pouvez remplacer l'agar-agar par 2 feuilles de gélatine que vous aurez fait ramollir dans l'eau froide.

Panna cotta au roquefort

Préparation : 20 minutes · Repos : 4 heures · Cuisson : 10 minutes
Difficulté : ★ Budget : ★

Pour 4 personnes

- **4 feuilles de gélatine**
- **30 cl de crème fleurette**
- **15 cl de lait**
- **150 g de roquefort**

Faites tremper les feuilles de gélatine dans un grand volume d'eau froide.

Dans une casserole, faites chauffer la crème fleurette et le lait avec le roquefort coupé en petits morceaux jusqu'à ce que le fromage soit fondu.

Égouttez la gélatine et ajoutez-la à la crème de roquefort chaude. Remuez.

Mixez la préparation au roquefort afin qu'elle soit parfaitement lisse.

Versez la panna cotta dans des ramequins ou verrines et placez au réfrigérateur au moins 4 heures. Servez bien frais.

Conseil : vous pouvez ajouter des noix concassées.

Panna cotta d'asperges et crabe

Préparation : 30 minutes · Repos : 3 heures · Cuisson : 15 minutes
Difficulté : ★ Budget : ★★

Pour 8 verrines

- **160 g d'asperges vertes (petites)**
- **10 cl de lait**
- **20 cl de crème liquide**
- **½ cuil. à café d'agar-agar**
- **100 g de miettes de crabe**
- **Tuiles de parmesan**
- **Sel et poivre**

Coupez les têtes des asperges et réservez-les, coupez les tiges en tronçons, mettez le tout à cuire 5 minutes dans une casserole d'eau bouillante, égouttez.

Portez le lait et la crème à ébullition avec l'agar-agar. Ajoutez les tronçons d'asperge, salez, poivrez et mixez le tout. Versez dans les verrines en évitant bien les bords, laissez refroidir et placez au frais 3 heures minimum.

Au moment de servir, déposez le crabe émietté, décorez de pointes d'asperge et de tuiles au parmesan.

Conseil : vous pouvez remplacer l'agar-agar par 2 feuilles de gélatine.

Panna cotta de foie gras et espuma de mangue

Préparation : 30 minutes · Repos : 2 heures · Cuisson : 25 minutes
Difficulté : ★★ Budget : ★★

Pour 6 verrines

- **50 cl de crème liquide entière**
- **20 cl de lait**
- **2 g d'agar-agar**
- **100 g de foie gras**
- **300 g de chair de mangue**
- **Le jus de 1 citron**
- **Ciboulette**
- **Sel et poivre**

Mélangez dans une casserole 30 cl de crème, le lait et l'agar-agar, portez à ébullition puis ajoutez le foie gras coupé en petits dés. Mélangez jusqu'à ce qu'il soit dissous. Salez et poivrez.

Versez dans les verrines et placez au frais, 2 heures minimum.

Mixez la chair des mangues, ajoutez le jus du citron et les 20 cl de crème restants. Filtrez puis versez la préparation dans la cuve d'un siphon. Fermez et ajoutez 2 cartouches de gaz. Agitez énergiquement et placez au frais.

Sortez les verrines de panna cotta 20 minutes avant de servir. Juste avant de passer à table, secouez le siphon puis dressez les espumas de mangue.

Décorez de brins de ciboulette et servez.

Conseil : vous pouvez servir ces verrines accompagnées de mouillettes de pain d'épices. Pour ne pas faire d'éclaboussures sur les parois des verrines, versez la panna cotta à travers un entonnoir. Vous pouvez remplacer l'agar-agar par 2 feuilles de gélatine que vous ferez ramollir dans l'eau froide.

Panna cotta de mozzarella et espuma de tomates

Préparation : 30 minutes · Repos : 6 heures · Cuisson : 15 minutes
Difficulté : ★ Budget : ★

Pour 4 personnes

Pour la panna cotta

- **2 feuilles de gélatine**
- **125 g de mozzarella**
- **20 cl de crème liquide entière**
- **Sel et poivre**

Pour l'espuma de tomates

- **25 cl de coulis de tomates**
- **5 feuilles de basilic**
- **2 g de sucre**
- **2 feuilles de gélatine**
- **Sel et poivre**

Mettez les 4 feuilles de gélatine à ramollir dans de l'eau froide.

Coupez la mozzarella en morceaux et placez-la dans une casserole avec la crème. Portez à ébullition puis laissez cuire à feu doux 5 minutes. Salez, poivrez et mixez le tout. Ajoutez 2 feuilles de gélatine essorées et laissez refroidir.

Placez 4 verrines dans des bols afin de les maintenir à moitié couchées. Remplissez-les de panna cotta et laissez figer au frais pendant 3 heures.

Portez le coulis de tomates à ébullition avec les feuilles de basilic, baissez le feu et laissez mijoter 10 minutes. Retirez les feuilles de basilic, ajoutez le sucre, les 2 feuilles restantes de gélatine essorées, salez et poivrez. Laissez refroidir à température ambiante puis passez le coulis de tomates au chinois et versez-le dans le siphon. Fermez soigneusement, ajoutez une cartouche de gaz et secouez-le énergiquement puis placez au frais 3 heures.

Au moment de servir, secouez le siphon et remplissez la seconde moitié de la verrine d'espuma de tomates en tenant bien le siphon à la verticale. Servez aussitôt.

Petites perles sous un nuage de tomate

Préparation : 30 minutes · Repos : 3 heures · Cuisson : 35 minutes
Difficulté : ★ Budget : ★

Pour 6 verrines

- **½ feuille de gélatine**
- **18 cl de coulis de tomates**
- **5 cl de crème liquide entière**
- **3 cuil. à soupe de tapioca (perles du Japon)**
- **80 g de chèvre frais**
- **1 cuil. à café de pesto**
- **Basilic**
- **Sel et poivre**

Faites ramollir la gélatine dans de l'eau froide.

Faites chauffer le coulis de tomates, ajoutez la gélatine puis, hors du feu, la crème liquide.

Salez et poivrez, puis versez le coulis dans la cuve d'un siphon. Fermez et ajoutez 1 cartouche de gaz. Secouez énergiquement puis placez au frais au minimum 3 heures.

Faites cuire les perles du Japon dans une casserole d'eau bouillante salée pendant 30 minutes.

Égouttez-les puis mélangez-les au fromage frais et au pesto.

Répartissez les perles du Japon dans des verrines de petite taille. Placez au frais.

Au moment de servir, secouez le siphon et dressez l'espuma de tomate sur le tapioca. Décorez de feuilles de basilic et servez aussitôt.

Poêlée de Saint-Jacques aux cèpes sur mousseline d'artichauts

Préparation : 40 minutes · Cuisson : 27 minutes · Difficulté : ★ Budget : ★★

Pour 4 verrines

- **1 kg de pommes de terre (de taille moyenne)**
- **150 g de fonds d'artichaut**
- **1 cuil. à soupe de crème fraîche épaisse**
- **1 cuil. à soupe d'huile d'olive**
- **200 g de cèpes**
- **Persil**
- **1 gousse d'ail**
- **20 noix de Saint-Jacques**
- **Sel et poivre**

Faites cuire à la vapeur la pomme de terre et les fonds d'artichaut pendant 10 minutes.

Réduisez-les en purée, salez, poivrez et ajoutez la crème épaisse.

Chauffez l'huile d'olive dans une poêle et faites-y dorer les cèpes 5 minutes. Réduisez le feu, ajoutez le persil, l'ail finement haché, salez et laissez cuire 10 minutes.

Poêlez les noix de Saint-Jacques à feu vif 1 minute de chaque côté.

Répartissez la mousseline dans les verrines, posez ensuite les cèpes et terminez par les Saint-Jacques. Servez aussitôt.

Poêlée forestière sur polenta

Préparation : 20 minutes · Cuisson : 20 minutes · Difficulté : ★ Budget : ★★

Pour 4 verrines

- **100 g de polenta**
- **Persil**
- **1 cuil. à soupe d'huile d'olive**
- **350 g de mélange de champignons forestiers**
- **2 gousses d'ail**
- **Sel**

Faites bouillir 32 cl d'eau salée, versez la polenta et laissez cuire à feu doux 7 à 10 minutes (se référer aux indications sur le paquet).

Quand la polenta est cuite, ajoutez ½ cuil. à café de persil ciselé puis versez-la dans les verrines.

Chauffez l'huile dans une poêle et ajoutez le mélange forestier. Laissez cuire environ 10 minutes sans colorer.

Ajoutez l'ail finement haché et 1 cuil. à café de persil.

Déposez la poêlée sur la polenta encore chaude et servez.

Raisins en habit

Préparation : 20 minutes · Repos : 30 minutes · Difficulté : ★ Budget : ★

Pour 4 verrines

- **24 grains de raisins blancs**
- **4 cuil. à soupe de pistaches mondées**
- **4 cuil. à soupe de noix**
- **150 g de fromage frais**
- **4 cuil. à soupe de graines de sésame doré**

Lavez et séchez le raisin. Hachez grossièrement les pistaches et les noix, placez-les dans un bol, réservez.

Travaillez le fromage avec une fourchette pour l'assouplir puis tartinez les raisins avec un couteau. Commencez une face en tenant le raisin entre deux doigts puis posez-le sur une assiette pour faire l'autre face. Placez le raisin dans un bol contenant la poudre de pistaches et tournez-le afin de le paner. Réalisez l'opération pour tous les raisins en les enrobant de noix, de sésame ou de pistache.

Posez les raisins sur une assiette et mettez au frais pour 30 minutes.

Placez les raisins dans les verrines avec de petites piques en bois.

Conseil : vous pouvez également réaliser cette recette avec du raisin noir. Si l'enrobage devient difficile, replacez le fromage au frais pendant 10 minutes.

Rillettes de maquereau

Préparation : 15 minutes · Repos : 15 minutes · Difficulté : ★ Budget : ★

Pour 4 personnes

- **180 g de filets de maquereau**
- **Le jus de ½ citron**
- **2 cuil. à café de moutarde**
- **100 g de beurre mou**
- **4 cuil. à soupe de crème fraîche épaisse allégée**
- **10 brins de ciboulette**
- **1 échalote**
- **Sel et poivre**

Émiettez les filets de maquereau à l'aide d'une fourchette, ajoutez 3 cuil. à soupe de jus de citron, la moutarde et le beurre tempéré, mélangez bien.

Ajoutez ensuite la crème, la ciboulette ciselée, l'échalote finement hachée, salez et poivrez.

Conservez au frais dans une boîte hermétique.

Sortez les rillettes du réfrigérateur 15 minutes avant de servir. Servez accompagné de crackers.

Rillettes de sardines aux olives noires et artichauts

Préparation : 20 minutes · Repos : 1 heure · Difficulté : ★ Budget : ★★

Pour 6 verrines

- **6 olives noires dénoyautées**
- **1 échalote**
- **150 g de sardines à l'huile**
- **70 g de beurre**
- **2 cuil. à café de persil haché**
- **Le jus de ½ citron**
- **10 pétales de tomates séchées**
- **250 g de cœurs d'artichaut marinés**
- **Câpres**

Dans le bol d'un mixeur, hachez les olives et l'échalote.

Égouttez les sardines, réduisez-les en purée avec une fourchette. Ajoutez le beurre tempéré, les olives hachées avec l'échalote, le persil et le jus de citron. Travaillez jusqu'à obtention de rillettes homogènes.

Répartissez les rillettes dans 6 verrines de taille moyenne et laissez reposer 1 heure au frais.

Égouttez les pétales de tomates séchées, coupez-les en petits morceaux et placez-les sur les rillettes.

Égouttez les cœurs d'artichaut et posez-les sur les tomates.

Décorez d'un petit morceau de pétale de tomate séchée et d'une câpre. Placez au frais jusqu'au moment de servir.

Rillettes de saumon

Préparation : 15 minutes · Cuisson : 10 minutes · Difficulté : ★ Budget : ★★

Pour 4 verrines

- **100 g de filets de saumon**
- **1 cube de court-bouillon**
- **60 g de saumon fumé**
- **40 g de beurre mou**
- **Le jus de ½ citron**
- **Aneth**
- **1,5 cuil. à soupe de crème fraîche épaisse**
- **100 g d'œufs de saumon**

Faites cuire le saumon frais 10 minutes au court-bouillon puis laissez-le refroidir sur une assiette.

Mixez le saumon fumé et le beurre ramolli.

Versez dans un bol, ajoutez le jus de citron, quelques brins d'aneth, la crème et le saumon frais grossièrement émietté.

Répartissez les rillettes de saumon dans les verrines, décorez d'œufs de saumon et servez avec des feuilletés au sésame.

Conseil : sortez les rillettes du réfrigérateur 15 minutes avant de servir.

Risotto aux cèpes et aux truffes

Préparation : 20 minutes · Cuisson : 30 minutes · Difficulté : ★ Budget : ★★★

Pour 6 verrines

- **250 g de cèpes**
- **3 échalotes**
- **3 cuil. à soupe d'huile d'olive**
- **400 g de riz rond**
- **10 cl de vin blanc**
- **1 l de bouillon de volaille**
- **50 g de jus de truffe**
- **30 g de beurre**
- **Persil**
- **1 truffe (de petite taille)**
- **4 cuil. à soupe de crème fraîche épaisse**
- **50 g de parmesan râpé**
- **Sel et poivre**

Nettoyez les cèpes et coupez-les en morceaux.

Pelez les échalotes et hachez-les finement. Chauffez l'huile d'olive dans une sauteuse et faites revenir les échalotes sans les colorer pendant 5 minutes. Ajoutez le riz, mélangez bien et laissez cuire jusqu'à ce qu'il devienne translucide. Versez le vin, continuez la cuisson en mélangeant régulièrement jusqu'à évaporation du liquide.

Versez 1 louche de bouillon, mélangez et laissez cuire à feu doux jusqu'à ce que le liquide soit absorbé. Ajoutez une nouvelle louche de bouillon et continuez ainsi jusqu'à ce que le riz soit cuit. Ajoutez le jus de truffe, salez et poivrez.

Pendant que le riz est en train de cuire, faites fondre le beurre dans une poêle, ajoutez les cèpes puis le persil et faites cuire 10 minutes. Salez et poivrez.

Coupez la truffe en fines lamelles.

Mélangez les cèpes au risotto, ajoutez la crème et le parmesan.

Répartissez le risotto dans les verrines, décorez de lamelles de truffes et servez aussitôt.

Risotto vert

Préparation : 40 minutes · Cuisson : 30 minutes · Difficulté : ★★ Budget : ★★★

Pour 4 verrines

- **1 oignon**
- **20 g de margarine**
- **250 g de riz rond**
- **7 cl de vin blanc sec**
- **80 cl de bouillon de volaille**
- **30 g de parmesan râpé**
- **300 g de légumes verts**
- **200 g d'asperges vertes**
- **Sel et poivre**

Dans une casserole à fond épais, faites revenir l'oignon dans la margarine, sans trop le colorer.

Ajoutez le riz et remuez jusqu'à ce qu'il devienne transparent. Mouillez avec le vin blanc et laissez cuire jusqu'à évaporation, puis versez une louche de bouillon chaud et laissez cuire à feu doux. Ajoutez le bouillon petit à petit, en remuant de temps en temps.

À la fin de la cuisson, le riz doit être crémeux et ferme à la fois.

Saupoudrez de parmesan, rectifiez l'assaisonnement et incorporez les légumes verts que vous aurez pris soin de cuire à la vapeur.

Coupez les tiges des asperges en tronçons en conservant bien les pointes. Ajoutez les tronçons d'asperge au riz et décorez avec les pointes. Servez aussitôt.

Sabayons de langoustines au pamplemousse

Préparation : 30 minutes · Cuisson : 10 minutes · Difficulté : ★★ Budget : ★★

Pour 6 verrines

- **24 langoustines**
- **2 pamplemousses**
- **Huile d'olive**
- **1 gousse d'ail**
- **Piment d'Espelette en poudre**
- **5 jaunes d'œufs**
- **15 cl de vin blanc sec**
- **Ciboulette**
- **Sel et poivre**

Décortiquez les langoustines.

Épluchez à vif et coupez en morceaux l'un des pamplemousses et pressez l'autre.

Poêlez les langoustines quelques secondes dans un peu d'huile d'olive, ajoutez l'ail finement haché, une pincée de piment d'Espelette et salez.

Battez au fouet les jaunes d'œufs jusqu'à ce que le mélange blanchisse. Ajoutez le vin et 5 cl de jus de pamplemousse. Salez et poivrez. Placez le récipient au bain-marie et fouettez sans arrêt jusqu'à ce que le mélange devienne mousseux et onctueux.

Placez les langoustines et des morceaux de pamplemousse dans les verrines.

Versez le sabayon chaud et parsemez de ciboulette. Décorez avec quelques brins de ciboulette et servez.

Salade César au poulet

Préparation : 15 minutes · Cuisson : 6 minutes · Difficulté : ★ Budget : ★

Pour 4 verrines

- **2 œufs**
- **250 de blancs de poulet rôti**
- **2 tomates**
- **1 salade verte**
- **50 g de croûtons**
- **40 g de parmesan râpé**
- **2 cuil. à soupe d'huile d'olive**
- **Le jus de 1 citron**
- **2 cuil. à café de moutarde**
- **Sel**

Faites bouillir de l'eau salée et plongez-y les œufs pendant 6 minutes pour que le jaune soit à peine cuit. Laissez-les refroidir avant de les écaler.

Émincez le blanc de poulet en lamelles, les tomates en quartiers, effeuillez la salade et coupez les plus grandes feuilles en morceaux.

Placez des feuilles de salade entières dans les verrines et répartissez le poulet, les tomates et des morceaux de salade. Ajoutez les croûtons, saupoudrez de parmesan et placez une moitié d'œuf au milieu.

Préparez la vinaigrette en mélangeant l'huile, le jus de citron et la moutarde. Salez.

Servez la vinaigrette à part pour que vos invités assaisonnent selon leur goût.

Salade crémeuse de harengs

Préparation : 30 minutes · Cuisson : 20 minutes · Difficulté : ★ Budget : ★

Pour 4 personnes

- **300 g de pommes de terre**
- **1 concombre**
- **1 pomme**
- **8 cornichons**
- **3 filets de harengs doux**
- **5 cuil. à soupe de crème fraîche épaisse allégée**
- **2 cuil. à soupe de mayonnaise**
- **2 branches d'aneth**
- **Tomates cerise**
- **Sel et poivre**

Épluchez et coupez les pommes de terre en dés. Mettez-les à cuire dans de l'eau bouillante salée 20 minutes. Contrôlez la cuisson avec la pointe d'un couteau puis égouttez-les et laissez-les refroidir.

Lavez le concombre et coupez-le en fines rondelles que vous placerez sur la paroi des verrines. Coupez le restant du concombre en petits dés ainsi que la pomme, coupez les cornichons en rondelles et le hareng en morceaux.

Mélangez le tout avec les pommes de terre. Ajoutez la crème, la mayonnaise, l'aneth ciselé, salez légèrement et poivrez. Mélangez bien et répartissez la salade dans les verrines.

Au moment de servir, décorez d'une rondelle de concombre, d'un quartier de tomate cerise et d'une pluche d'aneth.

Salade de blé au thon

Préparation : 20 minutes · Cuisson : 15 minutes · Difficulté : ★ Budget : ★★

Pour 6 personnes

- **100 g de blé**
- **1 poivron rouge**
- **1 poivron vert**
- **1 oignon**
- **2 cuil. à soupe d'huile d'olive**
- **1 cuil. à soupe de confit de tomates séchées**
- **80 g de maïs en boîte**
- **300 g de thon au naturel en boîte**
- **Basilic**
- **1 cuil. à soupe de vinaigre balsamique**
- **6 tomates cerise**
- **Sel et poivre**

Faites cuire le blé dans de l'eau bouillante salée, selon les indications données sur l'emballage.

Coupez les poivrons en petits morceaux et hachez l'oignon.

Faites chauffer 1 cuil. à soupe d'huile dans une poêle et faites-y revenir les poivrons et l'oignon, sans trop les colorer.

Ajoutez le blé égoutté, le confit de tomates séchées et laissez cuire 5 minutes en mélangeant bien.

Hors du feu, ajoutez le maïs, le thon, quelques feuilles de basilic ciselées, 1 cuil. à soupe d'huile, le vinaigre, poivrez et salez si besoin.

Répartissez la salade de blé dans les verrines, décorez de tomates cerise et de feuilles de basilic. Réservez au frais.

Salade de poulet aux noix de cajou

Préparation : 20 minutes · Cuisson : 15 minutes · Difficulté : ★ Budget : ★★

Pour 6 verrines

- **4 escalopes de poulet**
- **1 cuil. à café de margarine**
- **3 cuil. à soupe de sauce soja**
- **50 g de noix de cajou**
- **3 cuil. à soupe d'huile d'arachide**
- **1 cuil. à soupe de vinaigre de vin**
- **1 sachet de mesclun**
- **3 tomates**
- **1 oignon rouge**

Faites cuire les escalopes de poulet dans un peu de margarine sans trop les colorer.

Coupez les escalopes en dés, replacez-les dans le wok puis arrosez de 2 cuil. à soupe de sauce soja.

Hachez grossièrement les noix de cajou et mélangez-les au poulet.

Dans un bol, mélangez 1 cuil. à soupe de sauce soja, l'huile, le vinaigre et émulsionnez bien.

Placez la salade, les tomates coupées en quartiers et l'oignon émincé dans les verrines.

Ajoutez les morceaux de poulet et servez accompagné de vinaigrette selon votre goût.

Salade de tourteau

Préparation : 30 minutes · Cuisson : 15 minutes · Difficulté : ★ Budget : ★★

Pour 4 personnes

- **1 tourteau**
- **2 cubes de bouillon de légumes**
- **2 avocats bien mûrs**
- **2 cuil. à soupe de crème fraîche épaisse**
- **Le jus de 1 citron**
- **Piment en poudre**
- **20 g de raisins secs blonds**
- **1 pomme granny-smith**
- **10 brins de ciboulette**
- **Sel**

Mettez le tourteau à cuire dans une cocotte d'eau bouillante contenant les cubes de bouillon pendant 15 minutes. Égouttez-le, laissez-le refroidir puis récupérez la chair en essayant de conserver les pattes intactes.

Placez la chair des avocats dans le bol d'un mixeur avec la crème, la moitié du jus de citron et une pointe de couteau de piment et mixez le tout jusqu'à l'obtention d'une purée bien lisse. Salez et versez cette purée dans les verrines pour en remplir la moitié.

Mélangez 300 g de chair de tourteau avec le restant du jus de citron, les raisins secs et la pomme coupée en petits dés. Ciselez la ciboulette et ajoutez-la au reste. Placez la salade de tourteau sur la purée d'avocat et décorez de pattes et de brins de ciboulette. Réservez au frais jusqu'au moment de servir.

Conseil : vous pouvez remplacer le tourteau frais par du crabe en boîte, vous gagnerez du temps mais vous perdrez en saveur.

Salade grecque

Préparation : 15 minutes · Difficulté : ★ Budget : ★★

Pour 6 personnes

- **1 salade verte**
- **1 concombre**
- **12 tomates cerise**
- **1 oignon rouge**
- **200 g de feta**
- **150 g d'olives noires dénoyautées**
- **Basilic**
- **2 cuil. à café d'origan**
- **Le jus de 1 citron**
- **4 cuil. à soupe d'huile d'olive**
- **Sel et poivre**

Effeuillez la salade puis lavez et essorez-la.

Lavez et coupez en morceaux le concombre et les tomates. Émincez l'oignon, mélangez le tout et ajoutez la feta coupée en dés, les olives, 2 cuil. à café de basilic ciselé et l'origan.

Réalisez une vinaigrette avec le jus de citron, l'huile d'olive, du sel et du poivre.

Placez des feuilles de salade dans les verrines, puis le mélange de légumes et de feta.

Servez accompagné de vinaigrette.

Salade périgourdine

Préparation : 30 minutes · Cuisson : 30 minutes · Difficulté : ★ Budget : ★★

Pour 4 verrines

- **200 g de pommes de terre**
- **300 g de gésiers de canard confit**
- **40 g de pignons de pin**
- **4 tomates**
- **150 g de roquette**
- **90 g de magrets de canard séchés**
- **3 cuil. à soupe d'huile de noix**
- **Vinaigre balsamique**
- **Sel**

Épluchez et faites cuire les pommes de terre à la vapeur.

Mettez les gésiers de canard dans une poêle et réchauffez à feu doux. Retirez l'excès de graisse.

Faites griller les pignons de pin dans une seconde poêle, sans matière grasse. Coupez les tomates en quartiers.

Alternez, dans les verrines, la salade et tous les autres ingrédients, pommes de terre et gésiers encore chauds. Terminez par les pignons de pin.

Préparez une vinaigrette avec l'huile et le vinaigre, puis assaisonnez. Servez et dégustez aussitôt.

Salade tricolore

Préparation : 15 minutes · Difficulté : ★ Budget : ★★

Pour 6 verrines

- **2 pamplemousses**
- **3 avocats**
- **Le jus de 1 citron**
- **270 g de saumon fumé (en dés)**
- **2 cuil. à soupe d'huile d'olive**
- **1 cuil. à soupe de vinaigre de framboise**

Épluchez les pamplemousses à vif afin de prélever la pulpe et placez-la dans les verrines.

Épluchez et coupez les avocats en dés, arrosez-les de jus de citron, placez-les sur le pamplemousse puis couvrez de dés de saumon.

Mélangez l'huile d'olive et le vinaigre de framboise et versez cette vinaigrette sur les verrines.

Salade vitaminée

Préparation : 30 minutes · Difficulté : ★ Budget : ★★

Pour 6 personnes

- **1 kg de carottes**
- **2 pamplemousses**
- **2 oranges**
- **1 citron**
- **Ciboulette**
- **2 cuil. à soupe d'huile d'olive**
- **Sel et poivre**

Retirez toutes les peaux d'un pamplemousse et demi, des oranges et pressez le reste en jus ainsi que le citron.

Épluchez et râpez les carottes, ajoutez l'huile d'olive, le jus d'agrumes, 1 cuil. à soupe de ciboulette ciselée et salez. Mélangez bien.

Placez sur la paroi de chaque verrine un quartier de pamplemousse et d'orange puis ajoutez le reste des fruits aux carottes et mélangez délicatement.

Répartissez la salade dans les verrines et placez au frais jusqu'au moment de servir.

Samoussas et nems aux crevettes

Préparation : 1 h 30 · Cuisson : 20 minutes · Difficulté : ★★ Budget : ★★★

Pour 6 verrines

Pour les samoussas

- 300 g de crevettes roses
- 1 tranche d'ananas
- 5 brins de ciboulette
- Piment d'Espelette en poudre
- 2 feuilles de brick
- Beurre
- Sel

Pour les nems

- 50 g de vermicelles de soja
- 30 g de champignons chinois séchés
- 1 petit oignon
- 1 petite carotte
- 1 cuil. à soupe d'huile d'olive
- 80 g de pousses de haricot mungo
- 200 g de petites crevettes roses
- 2 cuil. à soupe de sauce soja
- 6 galettes de riz

Pour la sauce

- 4 cuil. à soupe de crème fraîche
- 100 g d'œufs de lump

Préparez les samoussas : hachez les crevettes et l'ananas. Mélangez le tout avec la ciboulette finement hachée et une pincée de piment, salez. Coupez les feuilles de brick en larges bandes. Placez un peu de farce à l'extrémité de chaque bande. Repliez chaque feuille de brick pour former un triangle. Badigeonnez la dernière partie de beurre fondu pour garder le samoussa fermé. Réalisez ainsi 6 samoussas et réservez-les. Préparez les nems : laissez tremper le vermicelle 15 minutes dans de l'eau tiède, puis égouttez-les et coupez-les en tronçons de 5 cm. Laissez tremper les champignons dans de l'eau tiède 15 minutes, égouttez-les et hachez-les. Hachez l'oignon, coupez la carotte en julienne et faites-les revenir 5 minutes dans l'huile. Ajoutez les haricots mungo et continuez la cuisson 5 minutes. Ajoutez les crevettes, les germes de soja, les champignons noirs et arrosez de sauce soja. Mélangez bien et réservez. Trempez les galettes de riz dans l'eau tiède. Étalez-les sur un torchon et placez de la farce au milieu. Rabattez un côté de la galette de riz sur la farce, puis rabattez sur deux côtés. Enfin, enroulez en serrant bien pour former un petit rouleau. Faites frire les nems et les samoussas dans un bain d'huile à frire et égouttez-les sur du papier absorbant. Mélangez la crème et les œufs de lump, répartissez dans les verrines. Placez les samoussas et les nems sur de petites piques et servez accompagné de sauce.

Saumon en gelée

Préparation : 30 minutes · Repos : 3 heures · Cuisson : 20 minutes
Difficulté : ★ Budget : ★★

Pour 6 verrines

- **1 cube de bouillon de légumes**
- **Persil**
- **1 oignon**
- **3 pavés de saumon**
- **1 sachet de gelée au madère**
- **12 asperges vertes**
- **6 tranches de saumon fumé**
- **1 citron**
- **Aneth**
- **Sel et poivre**

Portez à ébullition une grande casserole d'eau avec le cube bouillon, quelques brins de persil et l'oignon haché. Pochez les pavés de saumon 10 minutes. Égouttez-les et laissez-les refroidir.

Préparez la gelée en suivant les instructions, puis réservez.

Épluchez les asperges et faites-les cuire 10 minutes dans de l'eau bouillante, les pointes hors de l'eau. Égouttez-les, réservez les pointes et coupez les tiges en tronçons.

Coupez les tranches de saumon fumé en deux et plaquez-les sur les parois des verrines (conservez un petit morceau à chaque fois pour le décor).

Coupez les pavés de saumon en dés, placez-les dans les verrines avec les tronçons d'asperge, puis déposez 2 pointes d'asperge sur le dessus. Salez, poivrez, versez la gelée et laissez reposer au frais 3 heures.

Au moment de servir, décorez d'une rondelle de citron, d'un petit morceau de saumon fumé et d'un brin d'aneth.

Tartare de haddock

Préparation : 20 minutes · Difficulté : ★ Budget : ★★

Pour 6 verrines

- **300 g de fromage blanc**
- **Le jus de 1 citron**
- **80 g de concombre**
- **60 g d'œufs de truite**
- **1 pamplemousse**
- **100 g de filets de haddock**
- **Coriandre**
- **Sel**

Mélangez le fromage blanc avec le jus de citron, le concombre coupé en petits dés et les œufs de truite. Salez légèrement et répartissez ce mélange dans les verrines.

Épluchez à vif le pamplemousse, coupez-le en petits morceaux ainsi que le haddock.

Mélangez les morceaux de pamplemousse et de haddock. Ajoutez 1 cuil. à soupe de coriandre hachée et placez ce tartare sur le fromage blanc.

Placez au frais jusqu'au moment de servir.

Tartare de Saint-Jacques et de mangue

Préparation : 20 minutes · Repos : 20 minutes · Difficulté : ★ Budget : ★★★

Pour 6 verrines

- **1 citron vert**
- **12 noix de Saint-Jacques**
- **2 cuil. à café d'huile d'olive**
- **2 cuil. à café de gingembre en poudre**
- **1 mangue bien mûre**
- **Baies roses**
- **Sel et poivre**

Prélevez le zeste du citron ainsi que le jus.

Coupez les noix de Saint-Jacques en petits dés, mélangez-les au jus de citron, au zeste et à l'huile d'olive. Ajoutez le gingembre, salez et poivrez, puis laissez reposer 20 minutes au frais.

Épluchez et coupez la mangue en petits dés. Mélangez-les au tartare de Saint-Jacques.

Ajoutez des baies, répartissez le tartare dans les verrines et décorez de quelques zestes de citron vert. Servez bien frais.

Tartares de saumon et d'avocat

Préparation : 20 minutes · Cuisson : 5 minutes · Difficulté : ★ Budget : ★★

Pour 4 verrines

- **1 avocat bien mûr**
- **180 g de saumon fumé en dés**
- **1 cuil. à soupe de crème fraîche épaisse**
- **Aneth**
- **2 tomates**
- **1 cuil. à café de pignons de pin**
- **1 cuil. à soupe d'huile d'olive**
- **2 cuil. à café de vinaigre balsamique**

Épluchez l'avocat et coupez-le en cubes.

Mélangez-le aux dés de saumon, à la crème épaisse et ajoutez l'aneth frais ciselé.

Répartissez dans les verrines.

Coupez les tomates en cubes, retirez les pépins et placez les cubes sur le tartare de saumon.

Faites griller les pignons à sec dans une poêle et répartissez-les dans les verrines.

Préparez une vinaigrette avec l'huile et le vinaigre balsamique et versez-la sur les tomates.

Tiramisu au saumon

Préparation : 30 minutes · Repos : 2 heures · Difficulté : ★ Budget : ★★★

Pour 6 personnes

- **200 g de ricotta**
- **1 cuil. à café d'aneth**
- **2 blancs d'œufs**
- **100 g d'œufs de saumon**
- **6 tranches de saumon fumé**

Battez la ricotta pour l'assouplir, ajoutez l'aneth et les blancs d'œufs montés en neige ferme.

Déposez quelques œufs de saumon au fond des verrines, puis alternez la mousse de ricotta et le saumon coupé en morceaux. Finissez par une couche de saumon et quelques œufs de saumon. Saupoudrez d'aneth.

Laissez reposer 2 heures au réfrigérateur.

CALEDONIA
INVESTMENTS

~~1 cou~~

1 cuil. a cafe - 1 ~~tea~~ teaspoon

d'aneth - dill

2 blancs d'oeufs - 2 egg whites

Variation de foie gras sur figues

Préparation : 15 minutes · Cuisson : 40 minutes · Difficulté : ★ Budget : ★★★

Pour 8 petits verres (4 personnes)

- **150 g de foie gras de canard mi-cuit « au torchon »**

Pour la purée de figues

- **200 g de figues**
- **20 g de beurre**
- **1 cuil. à soupe de vinaigre de Xérès**
- **Sel et poivre**

Pour la confiture de figues (à préparer plusieurs jours à l'avance)

- **250 g de sucre roux**
- **100 g de sucre vanillé**
- **500 g de figues**
- **1 cuil. à café de cannelle en poudre**
- **15 cl de rhum**

Préparez la purée de figues : coupez les figues par le haut et videz-les avec une petite cuillère. Mettez leur pulpe dans une casserole avec une noisette de beurre. Laissez cuire à feu doux quelques minutes.

Une fois la pulpe fondue, ajoutez 1 cuil. à soupe de vinaigre de Xérès. Salez, poivrez, puis réservez.

Préparez la confiture de figues : faites cuire les sucres avec 20 cl d'eau jusqu'à 110 °C. Épluchez les figues en les gardant les plus entières possible et jetez-les dans le sucre bouillant. Laissez cuire environ 20 minutes à petits bouillons. Ajoutez la cannelle et le rhum.

Retirez la confiture du feu après 5 minutes de bouillon. Mettez-la dans des pots et refermez. Il est préférable de ne consommer la confiture que quelques jours plus tard.

Dressez vos verrines : répartissez 2 cuil. à café de purée de figues au fond de 4 verres, et 1 cuil. à café de confiture de figues dans les 4 autres, puis déposez une petite tranche de foie gras dans les 8 verres, au dernier moment. Servez avec des toasts chauds de pain brioché ou de pain aux fruits secs.

Velouté de topinambours aux magrets fumés

Préparation : 30 minutes · Cuisson : 40 minutes · Difficulté : ★ Budget : ★★

Pour 6 verrines

- **2 kg de topinambours**
- **2 pommes de terre**
- **2 cuil. à soupe d'huile d'olive**
- **2 cubes de bouillon de légumes**
- **6 cuil. à soupe de crème fraîche épaisse**
- **2 cuil. à soupe d'amandes effilées**
- **80 g de foie gras**
- **90 g de magrets de canard fumé (en tranches)**
- **Graines germées**
- **Sel et poivre**

Épluchez les légumes. Coupez-les en dés et faites-les revenir 10 minutes dans l'huile d'olive.

Ajoutez les cubes de bouillon, versez de l'eau pour couvrir tout juste les légumes et laissez cuire 30 minutes.

Mixez finement et ajoutez la crème. Rectifiez l'assaisonnement.

Grillez les amandes à sec dans une poêle.

Coupez le foie gras en dés et retirez le gras des tranches de magrets.

Versez le velouté dans les verrines. Répartissez les dés de foie gras, déposez 3 ou 4 tranches de magret, parsemez d'amandes grillées et décorez de graines germées. Servez aussitôt.

Vermicelles chinois aux crevettes piquantes

Préparation : 30 minutes · Cuisson : 5 minutes · Difficulté : ★ Budget : ★★

Pour 6 verrines

- **600 g de crevettes roses**
- **2 cuil. à soupe d'huile d'arachide**
- **2 gousses d'ail**
- **1 cuil. à café de gingembre en poudre**
- **½ cuil. à café de piment de Cayenne**
- **3 cuil. à soupe de sauce soja**
- **2 cuil. à soupe de vinaigre de riz**
- **4 cuil. à soupe de coulis de tomates**
- **100 g de pousses de bambou**
- **100 g de petits pois**
- **200 g de vermicelles de soja**

Décortiquez les crevettes en conservant uniquement les queues.

Faites chauffer 1 cuil. à soupe d'huile dans un wok, ajoutez les crevettes, l'ail réduit en purée, le gingembre et le piment.

Arrosez de sauce soja, de vinaigre de riz et de coulis de tomates. Ajoutez les pousses de bambou et les petits pois, puis mélangez.

Plongez les vermicelles 1 à 2 minutes dans une casserole d'eau bouillante salée. Dès que les vermicelles ont ramolli, égouttez-le bien. Placez-le dans un plat et arrosez de 1 cuil. à soupe d'huile.

Répartissez les vermicelles et les crevettes dans les verrines en les alternant. Servez.

Verrine suédoise

Préparation : 30 minutes · Repos : 20 minutes · Cuisson : 5 minutes
Difficulté : ★★ Budget : ★★

Pour 6 verrines

- **Aneth**
- **½ feuille de gélatine**
- **1 cuil. à café de vinaigre de vin blanc**
- **1 cuil. à soupe de sucre**
- **1 cuil. à soupe de moutarde**
- **1 cuil. à soupe de Savora®**
- **10 cl d'huile d'olive**
- **2 tranches de pain de seigle complet (vollkornbrot)**
- **3 tranches de saumon fumé**
- **200 g de rollmops**
- **3 cornichons à la russe**
- **2 pommes de terre charlotte**
- **20 g de beurre**
- **Sel**

Préparez la crème à l'aneth : ciselez finement de l'aneth. Faites tremper la gélatine dans de l'eau froide pour la ramollir. Mettez le vinaigre, une pincée de sel et le sucre dans un grand récipient et mélangez bien jusqu'à dissolution complète du sel et du sucre. Ajoutez les deux moutardes et l'aneth, battez puis incorporez doucement l'huile en filet. Essorez la feuille de gélatine. Mettez-la dans un petit récipient et placez-la au micro-ondes pendant 5 secondes pour la faire fondre. Laissez tiédir quelques secondes et, à l'aide d'un fouet, incorporez-la à la crème d'aneth. Réservez au réfrigérateur pendant 20 minutes. Émiettez grossièrement les tranches de vollkornbrot et réservez. Coupez le saumon fumé en lanières d'environ 1 x 3 cm. Taillez les rollmops et les cornichons en dés, mélangez-les, puis réservez. Déposez un peu de crème à l'aneth au fond de chaque verrine. Disposez une couche de vollkornbrot émietté. Placez dessus le tartare de rollmops et de cornichons. Roulez chaque lamelle de saumon et déposez le tout sur le tartare. Faites une quenelle de crème à l'aneth et terminez avec une crêpe dentelle de pomme de terre. Les crêpes dentelles de pommes de terre sont à réaliser au dernier moment. Épluchez les pommes de terre. À l'aide d'une râpe à gros trous, râpez les pommes de terre. Faites chauffer l'huile et le beurre dans une poêle antiadhésive. Prenez un peu des pommes de terre râpées et placez-les dans un mélange huile-beurre assez important pour recouvrir la quantité de pommes de terre que vous y mettez. Salez. Laissez dorer de chaque côté, puis sortez du feu et déposez chaque crêpe dentelle sur du papier absorbant.

Verrines d'été au poivron et au melon

Préparation : 20 minutes · Repos : 1 heure · Cuisson : 30 minutes
Difficulté : ★ Budget : ★★

Pour 6 verrines

- **1 poivron jaune**
- **1 oignon rouge**
- **1 cuil. à soupe d'huile d'olive**
- **1 cuil. à café de romarin**
- **120 g de fromage frais**
- **1 melon**
- **Sel**

Épépinez le poivron et coupez-le en fines lamelles.

Émincez finement l'oignon, mélangez-le au poivron, arrosez d'huile d'olive, salez et saupoudrez de romarin.

Placez le tout dans une petite cocotte en verre avec son couvercle et mettez au four pendant 30 minutes à 180 °C (th. 6). Les légumes doivent confire légèrement mais ne pas colorer. Laissez ensuite refroidir.

Placez au fond de chaque verrine un peu de poivron et d'oignon. Couvrez de fromage frais travaillé à la fourchette.

À l'aide d'une cuillère parisienne, prélevez des billes de melon et déposez-les sur le fromage. Ajoutez quelques lamelles de poivron et arrosez du jus de cuisson.

Placez au frais 1 heure minimum. Avant de servir, décorez d'un brin de romarin.

Verrines de foie gras et fruits secs

Préparation : 10 minutes · Cuisson : 20 minutes · Difficulté : ★ Budget : ★★

Pour 4 verrines

- **12 abricots secs**
- **1 cuil. à soupe de sucre**
- **100 g de foie gras**
- **30 g de pistaches**

Réservez 1 abricot puis coupez le reste en morceaux. Placez-les dans une casserole avec le sucre et 4 cl d'eau. Laissez cuire sur feu doux pendant 15 à 20 minutes jusqu'à l'obtention d'une compote. Laissez refroidir.

Coupez le foie gras morceaux, hachez les pistaches puis alternez-les dans les verrines avec la compote d'abricots.

Formez de petites brochettes avec un morceau de foie gras et d'abricot sec. Réservez au frais.

Conseil : vous pouvez remplacer l'abricot par de la figue.

Verrines fraîcheur aux filets de canard fumé

Préparation : 20 minutes · Difficulté : ★ Budget : ★★

Pour 6 verrines

- **1 tomate**
- **¼ de concombre**
- **¼ de poivron jaune**
- **1 cuil. à soupe d'huile d'olive**
- **1 cuil. à café de basilic**
- **150 g de chèvre frais**
- **100 g de ricotta**
- **1 cuil. à café d'herbes de Provence**
- **30 filets de canard fumé**
- **Graines germées**
- **Sel et poivre**

Épépinez et coupez la chair de la tomate en petits dés. Faites la même chose pour le concombre et le poivron. Arrosez-les d'huile d'olive, salez, saupoudrez de basilic et répartissez-les dans 6 petites verrines.

Mélangez le fromage de chèvre et la ricotta. Ajoutez les herbes de Provence, poivrez, puis déposez le fromage sur les légumes.

Roulez les filets de canard fumé sur eux-mêmes et placez-les dans les verrines.

Décorez de graines germées et réservez au frais.

Verrines océanes

Préparation : 30 minutes · Cuisson : 6 minutes · Difficulté : ★ Budget : ★★

Pour 4 verrines

- **120 g de pâtes perles (petites)**
- **10 cl de crème liquide allégée**
- **2 cuil. à soupe de mayonnaise**
- **2 branches d'aneth**
- **3 tomates**
- **1 cuil. à soupe d'huile d'olive**
- **½ cuil. à café de vinaigre balsamique**
- **100 g de crevettes roses (petites)**
- **2 tranches de saumon fumé**
- **1 filet de hareng fumé**
- **Sel et poivre**

Faites cuire les petites pâtes al dente 6 minutes dans de l'eau bouillante salée. Une fois égouttées, passez-les sous l'eau froide afin de les refroidir.

Versez les pâtes dans un plat, ajoutez la crème, la mayonnaise, la moitié de l'aneth ciselé, salez, poivrez et mélangez.

Répartissez les pâtes dans les verrines. Épépinez les tomates et coupez leur chair en dés. Assaisonnez-les avec l'huile et le vinaigre. Répartissez les tomates dans les verrines.

Mélangez les crevettes, le saumon et le hareng coupés en morceaux et la seconde moitié d'aneth ciselé. Placez le tout dans les verrines. Décorez d'un peu d'aneth et de quelques billes de pâtes.

Verrines rouge carmine

Préparation : 20 minutes · Difficulté : ★ Budget : ★

Pour 4 verrines

- **3 carmines**
- **1 betterave cuite (petite)**
- **100 g de crevettes (petites)**
- **2 tranches de saumon fumé**
- **3 cuil. à soupe d'huile d'olive**
- **1 cuil. à soupe de vinaigre balsamique**
- **10 brins de ciboulette**
- **10 noisettes**
- **Sel et poivre**

Effeuillez les carmines, coupez les extrémités de plusieurs feuilles bien rouges à la hauteur des verrines et placez-les sur les bords. Émincez finement les autres feuilles.

Coupez la betterave en petits morceaux, mélangez-la aux feuilles de carmine, aux crevettes et au saumon coupé en morceaux. Arrosez d'huile d'olive et de vinaigre balsamique. Salez, poivrez puis placez la salade dans les verrines.

Ciselez la ciboulette, hachez grossièrement les noisettes et saupoudrez-en les verrines. Servez aussitôt.

Conseil : ne préparez pas les verrines à l'avance afin de conserver la carmine croquante.

Verrines scandinaves

Préparation : 20 minutes · Difficulté : ★ Budget : ★★

Pour 4 verrines

- **1 pamplemousse**
- **1 avocat**
- **200 g de saumon fumé en dés**
- **Aneth**
- **Mâche**
- **200 g de crevettes roses**
- **1 cuil. à soupe de vinaigre de framboise**
- **2 cuil. à soupe d'huile d'olive**
- **Baies roses**

Épluchez le pamplemousse à vif afin de récolter la pulpe.

Épluchez et coupez l'avocat en morceaux. Mélangez le saumon avec de l'aneth ciselé, en conservant quelques brins pour le décor.

Alternez dans les verrines, la mâche, l'avocat, le pamplemousse, le saumon et les crevettes.

Assaisonnez avec le vinaigre et l'huile et décorez les verrines avec quelques baies roses et de l'aneth.

Conseil : servez avec du pain plat scandinave.

Ananas aux épices

Préparation : 20 minutes · Cuisson : 15 minutes · Difficulté : ★ Budget : ★★

Pour 6 personnes

- **1 ananas**
- **30 g de beurre**
- **2 sachets de sucre vanillé**
- **1 cuil. à café de cannelle en poudre**
- **1 cuil. à café de poudre d'anis**
- **2 doses de safran en poudre**
- **6 bâtons de cannelle**
- **6 étoiles de badiane**

Épluchez et coupez l'ananas en dés. Faites-le caraméliser dans le beurre et le sucre vanillé.

Ajoutez la cannelle, l'anis, couvrez et laissez cuire 10 minutes à feu doux.

Hors du feu, ajoutez le safran.

Répartissez l'ananas dans les verrines, décorez avec un bâton de cannelle et une étoile de badiane.

Conseil : vous pouvez accompagner ce dessert de glace à la vanille ou de chantilly.

Blanc-manger aux framboises

Préparation : 40 minutes · Repos : 5 heures · Cuisson : 10 minutes
Difficulté : ★ Budget : ★★

Pour 6 verrines

Pour le coulis

- **80 g de coulis de framboises**
- **80 g de sucre**
- **1 feuille de gélatine**

Pour l'entremets

- **8 feuilles de gélatine**
- **30 cl de lait de coco**
- **20 cl de lait entier**
- **150 g de sucre**
- **20 cl de crème liquide entière**

Pour le nappage

- **250 g de framboises**
- **2 sachets de nappage pour tarte**
- **Colorant alimentaire rouge**

Préparez le coulis : chauffez le coulis de framboises avec le sucre, ajoutez la gélatine préalablement ramollie dans de l'eau froide et versez-le dans le fond des verrines. Laissez prendre 1 heure.

Préparez l'entremets : mettez les 8 feuilles de gélatine à ramollir dans un peu d'eau froide.

Mélangez dans une casserole le lait de coco avec le lait et le sucre, puis ajoutez les feuilles de gélatine et laissez tiédir.

Montez la crème liquide en chantilly et ajoutez-la au mélange précédent. Versez cette préparation dans les verrines et placez-les au frais au minimum 4 heures.

Déposez les framboises sur les entremets. Préparez le nappage comme indiqué sur le paquet, avec 20 cl d'eau (ou de jus de fruits), et ajoutez 2 gouttes de colorant rouge. Nappez les framboises et remettez au frais.

Conseil : vous pouvez remplacer le nappage pour tarte par 1 feuille de gélatine dissoute dans 20 cl d'eau.

Charlotte au genièvre et au pain d'épices

Préparation : 30 minutes · Repos : 4 heures · Cuisson : 10 minutes
Difficulté : ★★ Budget : ★★

Pour 4 verrines

- **15 cl de lait**
- **1 jaune d'œuf**
- **30 g de sucre**
- **10 g dc Maïzena®**
- **1,5 feuille de gélatine**
- **2 cuil. à soupe de baies de genièvre**
- **12 tranches de pain d'épices**
- **15 cl de crème liquide entière**

Faites chauffer le lait dans une casserole. Mélangez le jaune d'œuf et le sucre jusqu'à ce que le mélange blanchisse. Ajoutez la Maïzena et versez dessus le lait bouillant, remettez le tout dans une casserole et faites épaissir à feu doux.

Retirez du feu et ajoutez les feuilles de gélatine essorées et le genièvre, mélangez pour faire fondre la gélatine. Laissez tiédir.

Coupez les tranches de pain d'épices en trois, retirez les bords sombres puis coupez chaque morceau en deux dans le sens de l'épaisseur. Placez les rectangles fins de pain d'épices dans les verrines pas trop hautes mais larges, positionnez-les de façon à ce qu'ils se chevauchent. Placez un morceau de pain d'épices dans le fond.

Fouettez la crème liquide en chantilly et incorporez-la à la crème au genièvre. Versez la mousse dans les verrines. Placez au frais 4 heures avant de servir.

Chiboust à la fraise et à la pistache

Préparation : 1 heure · Repos : 4 heures · Cuisson : 1 h 20 · Difficulté : ★★ Budget : ★★

Pour 6 verrines

Pour la panna cotta au chocolat blanc

- **30 cl de crème liquide**
- **20 cl de lait**
- **100 g de chocolat blanc**
- **3 feuilles de gélatine**
- **100 g de pistaches fraîches**

Pour la crème Chiboust à la fraise

- **10 cl de lait**
- **2 œufs**
- **140 g de sucre**
- **15 g de Maïzena®**
- **1 feuille de gélatine**
- **2 cuil. à soupe de coulis de fraises**
- **Sucre glace**

Préparez la panna cotta : dans une casserole, mettez la crème, le lait, le chocolat blanc et portez à ébullition. Ajoutez la gélatine préalablement ramollie dans de l'eau froide et versez dans les verrines. Laissez refroidir et placez au frais 2 heures minimum. Torréfiez les pistaches quelques minutes dans une poêle à sec puis concassez-les grossièrement. Préparez la crème Chiboust : faites chauffer le lait. Battez les jaunes d'œufs avec 20 g de sucre jusqu'à ce que le mélange blanchisse puis ajoutez la Maïzena. Ajoutez le lait bouillant et faites épaissir à feu doux. Hors du feu, ajoutez la gélatine préalablement ramollie dans de l'eau froide et essorée ainsi que le coulis de fraises. Filmez au contact et réservez.

Dans une casserole, mélangez les 120 g de sucre restants et 4 cl d'eau et portez à 120 °C.

Pendant ce temps, préparez les meringues : montez les blancs en neige et versez doucement le sirop chaud sans arrêter de battre. Battez jusqu'à total refroidissement.

Dressez 6 petites meringues sur une plaque de cuisson, saupoudrez-les de sucre glace et faites-les cuire 1 heure à 110 °C (th. 3-4). Incorporez délicatement le restant des blancs dans la crème à la fraise tiède. Répartissez les pistaches dans les verrines puis couvrez de crème Chiboust à la fraise. Placez au frais 2 heures. Au moment de servir, décorez d'une meringue et de pistaches entières.

Confit de figues et crémet de fromage blanc

Préparation : 40 minutes · Cuisson : 30 minutes · Repos : 2 heures
Difficulté : ★★ Budget : ★★

Pour 6 verrines

Pour le confit
- **500 g de figues**
- **4 cuil. à soupe de sucre**

Pour le crémet
- **500 g de faisselle**
- **50 g de sucre**
- **20 cl de crème fleurette**
- **1 sachet de sucre vanillé**
- **2 blancs d'œufs**

Pour les noisettes
- **5 cuil. à soupe de sucre**
- **18 noisettes**

Coupez les figues en quatre. Déposez-les dans une casserole avec le sucre et 2 cuil. à soupe d'eau. Laissez-les cuire à feu doux 30 minutes environ en mélangeant de temps en temps.

Dans un saladier, mettez la faisselle et remuez-la pour qu'elle devienne onctueuse puis ajoutez le sucre.

Montez la crème en chantilly très ferme, ajoutez le sucre vanillé à la fin et incorporez-la à la faisselle.

Montez les blancs en neige bien ferme et ajoutez-les au mélange fromage blanc et chantilly.

Alternez les couches de confit de figues et de crémet dans les verrines. Placez au frais 2 heures.

Faites un caramel à sec avec 5 cuil. à soupe de sucre et plongez-y les noisettes que vous déposerez ensuite par trois sur une feuille de papier sulfurisé. Laissez-les durcir et déposez-les sur les verrines au moment de servir.

Flan coco et grenade

Préparation : 30 minutes · Repos : 2 heures · Cuisson : 5 minutes
Difficulté : ★ Budget : ★★

Pour 6 verrines

- **2 cuil. à soupe de miel**
- **2 cuil. à soupe de noix de coco en poudre**
- **1 grenade**
- **3 feuilles de gélatine**
- **25 cl de lait de coco**
- **12 cl de lait**
- **12 cl de crème liquide entière**
- **30 g de sucre**
- **2 sachets de sucre vanillé**
- **6 physalis**

Trempez le haut des verrines dans le miel puis dans la noix de coco.

Égrainez la grenade, réservez quelques grains et répartissez le reste dans les verrines.

Faites ramollir les feuilles de gélatine dans de l'eau froide.

Dans une casserole, mélangez le lait de coco, le lait, la crème et les sucres. Portez à ébullition et ajoutez la gélatine bien essorée.

Versez le flan de coco sur les grains de grenade, laissez refroidir puis placez 2 heures au frais.

Décorez de quelques grains de grenade et d'un physalis.

Gratin de pommes

Préparation : 30 minutes · Cuisson : 25 minutes · Difficulté : ★ Budget : ★★

Pour 4 verrines

- **12 spéculoos**
- **2 pommes**
- **30 cl de crème liquide**
- **2 œufs**
- **1 sachet de sucre vanillé**
- **100 g de sucre**
- **30 g de beurre demi-sel**

Préchauffez le four à 180 °C (th. 6).

Réduisez les biscuits en poudre, répartissez-les dans des verrines allant au four et tassez bien.

Épluchez les pommes et coupez-les en petits morceaux puis disposez-les sur les biscuits.

Mélangez 15 cl de crème, les œufs et le sucre vanillé. Recouvrez les pommes avec ce mélange.

Enfournez les verrines pour 15 minutes. Attention toutefois à ce que la crème ne brunisse pas trop.

Chauffez 25 g de sucre dans une casserole en mélangeant constamment jusqu'à ce qu'il devienne un caramel blond puis ajoutez le reste du sucre au fur et à mesure.

Ajoutez le beurre et 15 cl de crème préalablement chauffée. Mélangez jusqu'à l'obtention d'un caramel onctueux et versez-le sur le gratin de pommes.

Laissez refroidir et décorez de pommes en lamelles.

Mini verrines chocolat-vanille

Préparation : 40 minutes · Repos : 2 heures · Cuisson : 2 minutes
Difficulté : ★ Budget : ★

Pour 10 verrines

- **10 sablés bretons au chocolat**
- **30 cl de crème liquide entière**
- **1 sachet de sucre vanillé**
- **10 cl de crème anglaise**
- **200 g de fromage blanc à 20 % de matières grasses**
- **½ cuil. à café d'extrait de vanille liquide**
- **1 feuille de gélatine**
- **4 cuil. à soupe de lait**
- **150 g de chocolat noir**

Réduisez les sablés en miettes et répartissez-les dans les verrines.

Fouettez 15 cl de crème liquide entière en chantilly pas trop ferme avec le sucre vanillé et réservez au réfrigérateur.

Mélangez la crème anglaise avec le fromage blanc et la vanille.

Faites fondre la gélatine préalablement ramollie dans l'eau froide, au four à micro-ondes avec le lait. Ajoutez-la au mélange puis incorporez délicatement la crème Chantilly. Répartissez cette mousse dans les verrines et laissez reposer 2 heures au minimum.

Faites fondre le chocolat avec la crème liquide restante au four à micro-ondes 3 fois 30 secondes et versez-le sur les mousses. Réservez au frais.

Mini verrines des îles

Préparation : 45 minutes · Repos : 3 heures · Cuisson : 5 minutes
Difficulté : ★ Budget : ★★★

Pour 6 personnes

- **6 cuil. à soupe de confiture de mangues**
- **4 fruits de la passion**
- **2 jaunes d'œufs**
- **2 cuil. à soupe de sucre**
- **5 cl de lait**
- **2 feuilles de gélatine**
- **20 cl de crème liquide entière**
- **4 tranches d'ananas**

Versez la confiture de mangues dans le fond de chaque verrine.

Mélangez la pulpe des fruits de la passion avec 5 cl d'eau. Faites chauffer sans bouillir.

Faites blanchir les jaunes d'œufs et le sucre jusqu'à obtention d'un mélange blanc et mousseux. Faites chauffer la pulpe des fruits avec le lait et versez sur les jaunes d'œufs blanchis. Faites épaissir à feu doux pour obtenir une crème onctueuse (surtout ne faites pas bouillir).

Ajoutez la gélatine ramollie dans de l'eau froide.

Incorporez délicatement la crème liquide montée en chantilly.

Répartissez la mousse passion dans les verrines jusqu'aux trois quarts et laissez reposer 3 heures au réfrigérateur.

Coupez les tranches d'ananas en petits morceaux et ajoutez quelques grains de fruits de la passion. Placez l'ananas sur les verrines et réservez au frais jusqu'au moment de servir.

Mousse au chocolat blanc sur un lit de palets au chocolat

Préparation : 20 minutes · Repos : 4 heures · Cuisson : 10 minutes
Difficulté : ★ Budget : ★

Pour 4 personnes

- **200 g de chocolat blanc**
- **25 cl de crème fleurette**
- **4 œufs**
- **100 g de palets bretons au chocolat**

Cassez le chocolat blanc en petits morceaux et mettez-le avec 10 cl de crème fleurette dans une casserole. Faites fondre à feu doux le chocolat.

Séparez les jaunes des blancs d'œufs. Montez les blancs en neige.

Fouettez le reste de crème fleurette en chantilly.

Ajoutez les jaunes d'œufs au chocolat blanc fondu. Mélangez puis incorporez délicatement les blancs en neige dans un premier temps puis la chantilly.

Répartissez les palets au chocolat grossièrement émiettés au fond de verrines ou ramequins. Recouvrez de mousse au chocolat blanc. Placez au réfrigérateur au moins 4 heures avant de déguster.

Conseil : vous pouvez réaliser une mousse au chocolat noir et alterner avec la mousse au chocolat blanc.

Mousse au citron vert

Préparation : 45 minutes · Repos : 2 heures · Cuisson : 10 minutes
Difficulté : ★ Budget : ★★

Pour 4 personnes

- **4 citrons verts**
- **2 œufs**
- **50 g de sucre**
- **1 cuil. à café d'agar-agar**
- **10 cl de crème liquide entière**
- **4 tranches d'ananas**

Mettez le jus de 2 citrons (environ 5 cl) dans un saladier en inox, avec les jaunes d'œufs, 40 g de sucre et les zestes de ces 2 citrons. Chauffez au bain-marie et mélangez constamment jusqu'à ce que le mélange prenne une consistance crémeuse. Cela prend environ 10 minutes. Ajoutez l'agar-agar, donnez un bouillon et laissez chauffer encore 1 minute puis retirez du feu et laissez tiédir.

Fouettez la crème liquide en chantilly, réservez au frais.

Battez les blancs d'œufs en neige avec une pincée de sucre. Lorsque les blancs commencent à mousser, ajoutez 10 g de sucre et continuez de battre jusqu'à ce qu'ils deviennent bien fermes. Incorporez la chantilly à la crème au citron puis les blancs d'œufs en neige.

Coupez les tranches d'ananas en dés et répartissez-les dans les verrines.

Avec une mandoline, coupez de fines tranches de citron et appliquez-les sur les parois des verrines. Remplissez-les de mousse au citron vert et laissez reposer 2 heures au réfrigérateur.

Au moment de servir, décorez de rondelles de citron et de feuilles d'ananas.

Mousse au Grand Marnier

Préparation : 30 minutes · Repos : 4 heures · Cuisson : 5 minutes
Difficulté : ★★ Budget : ★★

Pour 4 verrines

- **40 g de chocolat**
- **8 cl de lait**
- **3 cl de jus d'orange**
- **2 œufs**
- **120 g de sucre**
- **15 g de Maïzena®**
- **1 g d'agar-agar**
- **2 cuil. à soupe de Grand Marnier®**
- **10 cl de crème liquide entière**

Faites fondre le chocolat au four à micro-ondes puis laissez reposer 5 minutes.

Créez un petit cône avec du papier sulfurisé que vous remplirez de chocolat fondu. Coupez la pointe du cône (attention, un tout petit orifice) et dessinez des arabesques sur le bord interne des verrines. Laissez sécher. Faites chauffer le lait et le jus d'orange. Ajoutez l'agar-agar, donnez un bouillon. Séparez les blancs des jaunes d'œufs. Battez les jaunes d'œufs avec 20 g de sucre pour qu'ils blanchissent, puis ajoutez la Maïzena. Versez le lait et le jus d'orange sur le mélange précédent. Ajoutez le Grand Marnier et faites épaissir à feu doux. Filmez au contact et réservez.

Dans une casserole, mélangez 100 g de sucre et 2,5 cl d'eau et portez la température à 110 °C. Pendant ce temps, montez les blancs en neige ferme et versez doucement le sirop chaud sans arrêter de battre. Battez jusqu'à total refroidissement.

Incorporez les blancs dans la crème tiédie, le premier tiers assez vivement pour détendre la crème, puis le reste très délicatement.

Montez la crème en chantilly et incorporez-la également. Versez la mousse dans les verrines et réservez au frais 4 heures minimum.

Mousse au miel et éclats de nougat

Préparation : 30 minutes · Repos : 2 h 30 · Cuisson : 5 minutes
Difficulté : ★ Budget : ★★

Pour 4 verrines

- **100 g de miel**
- **20 cl de lait**
- **½ cuil. à café d'agar-agar**
- **2 œufs**
- **30 g de sucre**
- **20 cl de crème liquide**
- **200 g d'abricots au sirop**
- **2 cuil. à soupe d'amandes effilées**
- **4 nougats**

Faites chauffer le miel avec le lait puis ajoutez l'agar-agar. Portez à ébullition. Séparez les blancs des jaunes d'œufs. Battez les jaunes avec le sucre jusqu'à ce que le mélange blanchisse. Ajoutez le mélange lait-miel tiède et faites épaissir à feu doux sans faire bouillir. Laissez tiédir.

Battez la crème liquide en chantilly et incorporez-la délicatement à la préparation ainsi que les blancs d'œufs montés en neige ferme avec une pincée de sucre. Placez au frais 30 minutes.

Égouttez les abricots, coupez les demi-fruits en deux et placez-les dans les verrines. Recouvrez-les de mousse au miel à l'aide d'une poche à douille. Laissez reposer 2 heures au frais.

Grillez les amandes dans une poêle. Versez ½ cuil. à café de miel sur la mousse, décorez d'amandes grillées et de morceaux de nougat.

Conseil : vous pouvez remplacer l'agar-agar par 4 feuilles de gélatine que vous ferez ramollir dans l'eau froide.

Mousse au thé

Préparation : 1 heure · Repos : 2 heures · Cuisson : 30 minutes
Difficulté : ★ Budget : ★★

Pour 6 verrines

- **100 g de chocolat**
- **10 cl de lait**
- **3 œufs**
- **2 sachets de thé à la bergamote**
- **130 g de sucre**
- **4 feuilles de gélatine**
- **30 cl de crème liquide entière**
- **12 noisettes**

Faites fondre le chocolat au bain-marie. Versez-le dans le fond des verrines puis penchez ces dernières et faites-les tourner afin de les décorer de coulées de chocolat. Laissez durcir. Faites infuser le thé 5 minutes dans 20 cl d'eau bouillante, puis ajoutez le lait. Séparez les blancs des jaunes d'œufs. Battez les jaunes avec 30 g de sucre jusqu'à ce que le mélange blanchisse. Ajoutez le lait au thé et faites épaissir à feu doux sans faire bouillir. Ajoutez la gélatine préalablement ramollie dans de l'eau froide et laissez tiédir. Montez les blancs en neige en ajoutant 50 g de sucre quand ils commencent à mousser. Fouettez jusqu'à ce qu'ils soient fermes et brillants. Battez la crème liquide en chantilly et incorporez-la délicatement à la préparation. Répartissez la mousse dans les verrines et laissez reposer 2 heures minimum au frais. Mettez les 50 g de sucre restants dans une petite casserole et faites chauffer en mélangeant doucement jusqu'à obtention d'un caramel doré. Attendez 10 minutes et trempez les noisettes dans ce caramel en les piquant au bout d'un cure-dent. Plantez-les ensuite dans un morceau de polystyrène. Formez des filaments de caramel : versez un peu de caramel sur une plaque souple. Plongez la fourchette plusieurs fois dedans pendant qu'il commence à épaissir et soulevez d'environ 30 cm afin de créer un nuage de caramel. Formez ainsi 6 petits nuages. Conservez-les dans un endroit sec. Déposez les décors en caramel sur les mousses au moment de servir.

Mousse chocolat et framboises

Préparation : 30 minutes · Repos : 2 heures · Cuisson : 10 minutes
Difficulté : ★ Budget : ★

Pour 6 verrines

Pour la mousse au chocolat
- **300 g de chocolat**
- **30 g de beurre**
- **6 œufs**
- **Sucre**

Pour le gélifié de framboise
- **250 g de framboises**
- **2 feuilles de gélatine**

Pour la crème
- **30 cl de crème liquide**
- **100 g de chocolat**
- **30 g de beurre**

Pour le décor
- **Chocolat noir**

Préparez la mousse : faites fondre le chocolat cassé en petits morceaux au bain-marie. Ajoutez le beurre. Séparez les blancs des jaunes d'œufs. Incorporez un à un les jaunes dans le chocolat en mélangeant sans arrêt.

Montez les blancs d'œufs en neige avec une pincée de sucre et incorporez-les au chocolat, le premier tiers en mélangeant énergiquement puis le reste délicatement.

Répartissez la mousse dans les verrines et laissez prendre au frais pendant 1 heure. Préparez le gélifié : réduisez les framboises en purée. Faites chauffer cette purée dans une casserole et ajoutez la gélatine préalablement ramollie dans de l'eau froide. Laissez refroidir et versez sur les mousses avant la gélification. Placez au frais 1 heure. Faites bouillir la crème. Versez-la sur le chocolat râpé et mélangez jusqu'à obtention d'une consistance homogène. Ajoutez le beurre. Laissez refroidir et fouettez pour obtenir une crème mousseuse.

Remplissez une poche munie d'une douille cannelée. Si la crème est trop molle, mettez-la 15 minutes au réfrigérateur avant de la placer sur le gélifié.

Décorez d'un disque de chocolat réalisé sur une feuille de rhodoïd et réservez au frais jusqu'au moment de servir.

Mousse de fraises

Préparation : 45 minutes · Repos : 2 heures · Cuisson : 5 minutes
Difficulté : ★★ Budget : ★★

Pour 4 verrines

- **12 biscuits roses de Reims**
- **300 g de fraises**
- **1 cuil. à café d'agar-agar**
- **60 g de sucre**
- **1 blanc d'œuf**
- **25 cl de crème liquide entière**
- **7 cl de jus de fruits rouges**

Réduisez 10 biscuits roses en poudre.

Mixez 250 g de fraises en purée, portez à ébullition et ajoutez l'agar-agar.

Dans une petite casserole, portez 2 cl d'eau et le sucre à une température de 120 °C et versez ce sirop sur le blanc d'œuf monté en neige.

Continuez de battre jusqu'à ce que le mélange ait totalement refroidi.

Incorporez cette meringue italienne à la purée de fraises. Montez la crème très froide en chantilly et ajoutez-la au mélange précédent.

Versez 3 cuil. à soupe de poudre de biscuits au fond des verrines puis la moitié de la mousse.

Imbibez les 2 biscuits coupés en deux de jus de fruits et placez ½ biscuit par verrine au milieu de la mousse.

Recouvrez du restant de mousse puis laissez prendre au réfrigérateur pendant 2 heures. Poursuivez le montage en répartissant le reste de poudre de biscuits et finissez de décorer à l'aide de fraises fraîches.

Mousse de fraises et fruits rouges

Préparation : 25 minutes · Repos : 4 heures · Cuisson : 5 minutes
Difficulté : ★ Budget : ★★

Pour 4 verrines

- **500 g de fraises**
- **110 g de sucre**
- **3 feuilles de gélatine**
- **2 œufs**
- **15 cl de crème liquide entière**
- **200 g de fruits rouges surgelés**
- **50 g de framboises**

Réduisez les fraises en purée. Chauffez 200 g de cette purée avec 2 cuil. à soupe d'eau, 30 g de sucre et 1 feuille de gélatine ramollie dans de l'eau froide et portez à ébullition. Versez ce coulis dans les verrines et laissez gélifier.

Portez à ébullition le reste de purée de fraises avec 2 feuilles de gélatine ramollie dans de l'eau froide.

Séparez les blancs des jaunes d'œufs. Fouettez les jaunes d'œufs avec 1 cuil. à soupe d'eau chaude et 50 g de sucre, jusqu'à ce que le mélange blanchisse. Ajoutez la purée chaude.

Montez les blancs d'œufs en neige, quand ils commencent à mousser, ajoutez 30 g de sucre et continuez de battre jusqu'à ce qu'ils soient brillants et bien fermes. Incorporez-les délicatement au second mélange.

Montez la crème en chantilly et incorporez-la également. Versez cette mousse dans les verrines. Placez au frais 4 heures minimum.

Une heure avant de servir, répartissez les fruits rouges encore congelés et les framboises fraîches.

Mousse de nougat et de fruits rouges

Préparation : 30 minutes · Repos : 2 h 30 · Cuisson : 5 minutes
Difficulté : ★ Budget : ★★

Pour 6 verrines

- **25 cl de lait entier**
- **3 jaunes d'œufs**
- **40 g de sucre**
- **100 g de nougats tendres**
- **2 feuilles de gélatine**
- **35 cl de crème liquide**
- **300 g de fruits rouges**
- **10 cl de nappage rouge**
- **Chocolat blanc**

Faites bouillir le lait. Battez les jaunes d'œufs avec le sucre jusqu'à ce que le mélange blanchisse. Versez le lait chaud sur les jaunes ainsi que le sucre, hors du feu. Remettez sur feu doux et laissez épaissir sans jamais faire bouillir, en remuant sans arrêt. La crème doit napper la cuillère en bois.

Ajoutez le nougat et mélangez jusqu'à ce qu'il soit totalement fondu.

Faites ramollir la gélatine dans de l'eau froide, essorez-la et ajoutez-la à la crème chaude.

Fouettez la crème liquide en chantilly et incorporez-la à la crème tiédie. Placez au frais 30 minutes.

Répartissez les fruits rouges dans les verrines en gardant quelques fruits pour le décor. Versez la mousse au nougat et replacez au frais 2 heures minimum.

Versez le nappage, puis décorez de fruits rouges et de copeaux de chocolat blanc.

Nage de fruits au thé earl grey

Préparation : 20 minutes · Repos : 2 heures · Cuisson : 5 minutes
Difficulté : ★ Budget : ★

Pour 4 verrines

- **1 sachet de thé à la bergamote**
- **2 cuil. à soupe de sucre**
- **1 pamplemousse**
- **½ melon**
- **125 g de fraises**
- **125 g de framboises**
- **125 g de groseilles**
- **4 gousses de vanille**

Faites bouillir 50 cl d'eau et faites infuser le thé, il doit être léger. Laissez refroidir et sucrez.

Épluchez à vif le pamplemousse et prélevez les quartiers.

Coupez le melon en cubes. Lavez et équeutez les fraises.

Placez tous les fruits en alternance dans les verrines, versez le thé froid. Décorez d'une gousse de vanille.

Placez au frais 2 heures minimum avant de déguster.

Conseil : frais et léger, c'est un dessert parfait pour les chaudes soirées d'été.

Panna cotta au chocolat et aux framboises

Préparation : 30 minutes · Repos : 2 à 3 heures · Cuisson : 5 minutes
Difficulté : ★ Budget : ★

Pour 6 personnes

- **45 cl de crème liquide entière**
- **15 cl de lait**
- **120 g de chocolat noir**
- **50 g de sucre**
- **3 feuilles de gélatine**
- **250 g de framboises**
- **2 sachets de nappage pour tarte**
- **Colorant alimentaire rouge**

Faites chauffer la crème et le lait dans une casserole, ajoutez le chocolat râpé puis le sucre.

Mélangez jusqu'à ce que le chocolat soit totalement fondu. Ajoutez la gélatine préalablement ramollie dans l'eau froide et mélangez bien.

Versez dans 6 verrines et placez au frais pendant 2 ou 3 heures.

Déposez les framboises sur les crèmes.

Préparez le nappage comme indiqué sur le paquet, ajoutez quelques gouttes de colorant rouge. Nappez les framboises pour qu'elles soient totalement recouvertes et remettez au frais. Décorez juste avant de servir.

Panna cotta aux bêtises de Cambrai

Préparation : 20 minutes · Repos : 2 heures · Cuisson : 5 minutes
Difficulté : ★ Budget : ★

Pour 4 verrines

Pour le caramel
- **8 caramels mous**
- **4 cuil. à soupe de crème liquide**

Pour la panna cotta
- **10 bêtises de Cambrai**
- **16 cl de lait**
- **30 cl de crème fleurette**
- **2 feuilles de gélatine**

Placez les caramels et la crème liquide dans un bol, mettez à fondre au micro-ondes 30 secondes, mélangez puis replacez au micro-ondes 15 secondes si nécessaire.

Versez la sauce caramel dans le fond des verrines en évitant les bords et placez au frais.

Réduisez les bêtises de Cambrai en morceaux en les écrasant avec un rouleau à pâtisserie.

Dans une casserole, mélangez le lait et la crème fleurette puis ajoutez les bêtises de Cambrai.

Portez à ébullition puis baissez le feu et mélangez jusqu'à ce qu'il ne reste plus de morceaux de bonbon. Ajoutez la gélatine préalablement ramollie dans l'eau froide et essorée.

Laissez refroidir et, avant la gélification, versez la panna cotta dans les verrines. Placez au frais 2 heures minimum avant de déguster.

Bêtises

Panna cotta et sa compotée de figues

Préparation : 20 minutes · Repos : 6 heures · Cuisson : 35 minutes
Difficulté : ★ Budget : ★

Pour 4 personnes

- **3 feuilles de gélatine**
- **25 cl de crème fleurette**
- **25 cl de lait**
- **80 g de sucre**
- **300 g de figues**

Faites ramollir les feuilles de gélatine dans un bol d'eau froide.

Versez la crème et le lait dans une casserole et ajoutez 60 g de sucre. Portez à ébullition et intégrez la gélatine essorée.

Répartissez le mélange dans des ramequins ou verrines et placez au frais au moins 6 heures.

Coupez les figues en quatre. Déposez-les dans une casserole avec le reste du sucre et 2 cuil. à soupe d'eau. Laissez cuire à feu doux pendant 30 minutes environ en mélangeant de temps en temps. Faites refroidir à température ambiante.

Avant de servir, déposez un peu de compotée de figues sur le dessus de la panna cotta ou démoulez celle-ci et nappez avec les figues.

Conseil : vous pouvez ajouter de la cannelle ou de la vanille à la panna cotta.

Poêlée d'abricots à la mousse de pain d'épices

Préparation : 40 minutes · Repos : 2 h 30 · Cuisson : 40 minutes
Difficulté : ★ Budget : ★★

Pour 4 personnes

- **20 cl de lait**
- **3 tranches de pain d'épices**
- **1 cuil. à café d'agar-agar**
- **2 œufs**
- **20 cl de crème liquide**
- **280 g de sucre**
- **1 kg d'abricots**
- **1 cuil. à soupe de beurre**
- **4 cuil. à soupe de miel**

Portez le lait à ébullition puis ajoutez l'agar-agar et le pain d'épices émietté.

Séparez les blancs d'œufs des jaunes. Battez les jaunes d'œufs avec 80 g de sucre jusqu'à ce que le mélange blanchisse. Ajoutez le lait tiède et faites épaissir à feu doux sans faire bouillir. Laissez tiédir.

Battez la crème liquide en chantilly et incorporez-la délicatement à la préparation ainsi que les blancs d'œufs montés en neige ferme avec une pincée de sucre. Placez au frais 30 minutes.

Faites compoter la moitié des abricots avec les 200 g de sucre restants sur feu doux pendant 30 minutes. Laissez refroidir.

Déposez 2 cuil. à soupe de compote d'abricots au fond des verrines, répartissez la mousse de pain d'épices et laissez reposer 2 heures au frais.

Coupez le restant des abricots en quatre et faites-les dorer dans le beurre 3 minutes. Arrosez-les de miel et, une fois refroidis, placez-les sur les mousses. Servez.

Riz au lait aux mûres

Préparation : 20 minutes · Repos : 1 heure · Cuisson : 40 minutes
Difficulté : ★ Budget : ★

Pour 4 verrines

- **60 g de riz rond**
- **32 cl de lait entier**
- **2 cuil. à soupe de pâte de spéculoos**
- **4 cuil. à soupe de sucre**
- **150 g de mûres**
- **Menthe**

Mettez le riz à cuire 5 minutes dans une casserole d'eau bouillante. Égouttez-le puis poursuivez la cuisson dans une casserole de lait bouillant pendant 20 minutes, à couvert et sur feu très doux. Arrêtez le feu, ajoutez la pâte de spéculoos, la moitié du sucre et mélangez bien. Laissez refroidir.

Réservez 12 belles mûres puis placez le restant dans une petite casserole avec 2 cuil. à soupe de sucre. Mettez à cuire sur feu doux 15 minutes.

Écrasez les fruits à la fourchette puis, une fois la compote refroidie, placez-la dans le fond des verrines.

Remplissez les verrines de riz au lait et placez au frais 1 heure.

Au moment de servir, déposez 3 mûres et décorez de petites feuilles de menthe fraîche.

Conseil : si vous n'aimez pas la note acidulée des mûres, ajoutez un peu plus de sucre à la compote.

Riz au thé matcha et fraises séchées

Préparation : 20 minutes · Cuisson : 30 minutes · Difficulté : ★ Budget : ★★

Pour 4 verrines

- **100 g de riz rond**
- **50 cl de lait**
- **40 g de sucre**
- **2 cuil. à café de thé matcha**
- **80 g de fraises séchées**
- **10 cl de coulis de fraises**

Lavez le riz à l'eau froide, égouttez-le bien et faites-le blanchir 3 minutes dans l'eau bouillante.

Égouttez-le à nouveau et faites-le cuire à feu doux et à couvert dans le lait bouillant avec le sucre pendant 20 à 30 minutes. Le riz doit être tendre et le lait doit avoir été totalement absorbé.

Ajoutez le thé matcha et les trois quarts des fraises coupées en petits morceaux et mélangez.

Versez le coulis dans les verrines puis déposez le riz délicatement.

Décorez de quelques morceaux de fraise.

Conseil : ajustez la quantité de thé matcha en fonction de votre goût : plus ou moins fort.

Verrines aux myrtilles

Préparation : 40 minutes · Repos : 2 heures · Cuisson : 5 minutes
Difficulté : ★★ Budget : ★★

Pour 4 personnes

- **200 g de myrtilles**
- **3 cuil. à soupe de confiture de myrtilles**
- **1 cuil. à café d'agar-agar**
- **60 g de sucre**
- **1 blanc d'œuf**
- **25 cl de crème liquide entière**
- **4 tranches de brioche**

Mixez 200 g de myrtilles et ajoutez-y la confiture. Portez à ébullition 3 cl d'eau et ajoutez l'agar-agar. Laissez sur le feu 1 minute de plus, puis versez dans la préparation aux myrtilles.

Dans une petite casserole, chauffez 5 cl d'eau et le sucre à 120 °C et versez ce sirop sur le blanc d'œuf monté en neige. Continuez de battre jusqu'à ce que le mélange soit totalement refroidi. Incorporez cette meringue italienne à la purée de myrtilles.

Montez la crème très froide en chantilly et ajoutez-la au mélange précédent.

Répartissez les 200 g de myrtilles restantes dans les verrines.

Passez au grille-pain les tranches de brioche. À l'aide d'un emporte-pièce, découpez des disques de brioche à la taille des verrines. Déposez un disque de brioche sur les myrtilles puis versez la mousse. Placez au frais 2 heures.

Finissez en déposant une fine couche de confiture de myrtilles.

Verrines de poires et sa chantilly au gewurztraminer

Préparation : 20 minutes · Repos : 1 heure · Cuisson : 20 minutes
Difficulté : ★ Budget : ★

Pour 4 personnes

- **6 poires**
- **Le jus de 1 citron**
- **10 g de beurre**
- **2 cuil. à soupe de sucre**
- **1 cuil. à café de cannelle en poudre**
- **1 cuil. à soupe de miel**
- **25 cl de crème fleurette**
- **10 cl de vin blanc moelleux (gewurztraminer)**
- **1 cuil. à café de quatre-épices**
- **2 cuil. à soupe de cassonade**

Pelez et coupez les poires en petits dés. Arrosez de jus de citron afin que les poires ne noircissent pas.

Chauffez le beurre dans une poêle et faites-y dorer les poires. Ajoutez le sucre, la cannelle et le miel. Faites frémir 5 minutes puis réservez.

Dans une casserole, versez la crème, le gewurztraminer, le quatre-épices et la cassonade. Portez doucement à ébullition afin que l'alcool s'évapore. Laissez refroidir 1 heure au frais.

Versez la préparation dans un siphon.

Répartissez les poires dans 4 verrines et recouvrez de chantilly.

Conseil : vous pouvez placer des brisures de pain d'épices sous les poires.

Verrines façon charlotte

Préparation : 40 minutes · Repos : 3 heures · Cuisson : 5 minutes
Difficulté : ★ Budget : ★★

Pour 4 verrines

- **24 biscuits roses de Reims**
- **25 cl de coulis de fraises**
- **100 g de sucre**
- **½ cuil. à café d'agar-agar**
- **30 cl de crème liquide entière**
- **125 g de fraises**

Coupez les biscuits aux deux tiers (selon la taille de vos verrines).

Diluez 5 cl de coulis avec un peu d'eau. Trempez rapidement les biscuits dans ce coulis, placez-les sur les bords des verrines et ajoutez un morceau dans le fond.

Réduisez le reste des biscuits en poudre.

Chauffez le restant du coulis avec le sucre et ajoutez l'agar-agar. Portez à ébullition.

Montez la crème liquide en chantilly et ajoutez-la délicatement au coulis tiédi.

Versez la mousse aux fraises dans les verrines jusqu'aux deux tiers. Étalez une couche de poudre de biscuits et terminez de verser la mousse. Laissez prendre 3 heures minimum au frais.

Décorez de fraises avant de servir.

Verrines façon mojito

Préparation : 1 heure · Repos : 3 heures · Cuisson : 15 minutes
Difficulté : ★★ Budget : ★★

Pour 4 personnes

Pour la mousse

- **2 citrons verts**
- **2 œufs**
- **80 g de sucre**
- **2 feuilles de gélatine**
- **20 cl de crème liquide entière**

Pour le gélifié

- **3 citrons verts**
- **130 g de sucre de canne**
- **20 feuilles de menthe**
- **2 feuilles de gélatine**
- **1 cuil. à soupe de rhum blanc**

Pour le biscuit

- **2 œufs**
- **60 g de sucre**
- **40 g de farine**
- **20 g de poudre d'amandes**

Mettez le jus des citrons dans un saladier, avec les jaunes d'œufs, le sucre et les zestes. Chauffez au bain-marie et mélangez constamment jusqu'à obtenir une consistance crémeuse, cela prend environ 5 minutes. Ajoutez la gélatine ramollie dans de l'eau froide, laissez chauffer encore 1 minute puis retirez du feu et laissez tiédir. Fouettez la crème liquide en chantilly, puis incorporez-la à la crème au citron. Placez au frais 2 heures. Dans une casserole, portez à ébullition le jus des citrons, 150 ml d'eau, le sucre et 12 feuilles de menthe. Laissez bouillir 10 minutes puis laissez infuser 2 heures. Filtrez le sirop, réservez 8 cuil. à soupe puis chauffez le reste de nouveau afin d'ajouter la gélatine ramollie dans de l'eau froide. Laissez tiédir et versez ce sirop dans les verrines avec 2 feuilles de menthe fraîche. Placez au frais 1 heure. Pour le biscuit, battez les œufs et le sucre au fouet électrique jusqu'à ce que le mélange blanchisse et double de volume. Ajoutez délicatement la farine mélangée à la poudre d'amandes. Versez la pâte sur une plaque de cuisson souple ou recouverte de papier sulfurisé. Étalez la pâte pour obtenir un carré de 25 cm sur 25 cm. Mettez au four 12 minutes à 180 °C (th. 6). Le biscuit ne doit pas trop cuire, il doit rester très souple. À la sortie du four, attendez 10 minutes puis démoulez sur une feuille de papier sulfurisé. Coupez 4 disques de biscuit à la taille des verrines. Imbibez-les avec le sirop réservé additionné de rhum. Placez-les sur les gélifiés puis déposez la mousse à l'aide d'une poche munie d'une douille unie. Décorez de feuilles de menthe et de citron vert.

Verrines light

Préparation : 20 minutes · Repos : 2 heures · Cuisson : 5 minutes
Difficulté : ★ Budget : ★

Pour 4 verrines

- **6 kiwis bien mûrs**
- **10 cl de jus de fruits sans sucre ajouté**
- **½ cuil. à café d'agar-agar**
- **400 g de fromage blanc à 0 % de matières grasses**
- **2 sachets de sucre vanillé**
- **13 cl de crème liquide entière**
- **20 cl de jus de fruits rouges sans sucre ajouté**
- **1 sachet de nappage pour tarte**
- **125 g de groseilles**

Prélevez la chair des kiwis et réduisez-la en purée. Versez-la dans les verrines.

Faites bouillir les 10 cl de jus de fruits et ajoutez l'agar-agar. Laissez tiédir et ajoutez ce jus au fromage blanc ainsi que le sucre vanillé.

Fouettez la crème liquide en chantilly et ajoutez-la au fromage blanc. Versez cette mousse sur la purée de kiwis et laissez prendre au frais.

Chauffez le jus de fruits rouges et ajoutez le sachet de nappage à tarte (suivez les recommandations notées sur le paquet).

Équeutez les groseilles et disposez-les sur la mousse de fromage blanc. Versez le nappage tiédi. Mettez au frais 2 heures avant de servir.

Conseil : vous pouvez remplacer l'agar-agar par 2 feuilles de gélatine que vous aurez fait ramollir dans l'eau froide.

Verrines pâtissières

Préparation : 30 minutes · Cuisson : 20 minutes · Difficulté : ★ Budget : ★★

Pour 4 verrines

- **12,5 cl de lait**
- **1 gousse de vanille**
- **1 œuf**
- **25 g de sucre**
- **20 g de Maïzena®**
- **50 g d'amandes**
- **3 cuil. à soupe de crème fraîche épaisse allégée**
- **8 amaretti**
- **20 cl de crème liquide entière**
- **20 g de sucre glace**
- **Fruits confits**

Faites bouillir le lait avec la gousse de vanille fendue en deux.

Battez l'œuf avec le sucre et la Maïzena. Ajoutez le lait bouillant après avoir retiré la gousse de vanille, prélevez toutes les graines à l'aide d'un couteau. Remettez sur feu doux et faites épaissir. Versez la crème obtenue dans un bol, recouvrez au contact de film alimentaire et laissez refroidir.

Faites griller les amandes dans un four à 210 °C (th. 7) pendant 5 à 10 minutes.

Ajoutez la crème épaisse à la crème pâtissière refroidie.

Émiettez les amaretti, concassez les amandes et ajoutez-les à la crème que vous versez dans les verrines. Placez au frais.

Montez la crème liquide en chantilly avec le sucre glace. Recouvrez la crème pâtissière de chantilly et décorez de morceaux de fruits confits. Placez au frais jusqu'au moment de servir.

Verrines pralinées

Préparation : 40 minutes · Repos : 2 heures · Cuisson : 10 minutes
Difficulté : ★ Budget : ★

Pour 6 verrines

- **100 g de palets bretons au chocolat**
- **60 g de sucre**
- **18 noisettes**
- **100 g de pépites caramélisées**

Pour la mousse

- **25 cl de lait**
- **2 œufs**
- **50 g de sucre**
- **40 g de Maïzena®**
- **50 g de Pralinoise®**
- **250 g de crème fleurette**

Pour la sauce

- **100 g de chocolat**
- **8 cl de crème liquide**

Répartissez les palets bretons cassés grossièrement dans le fond des verrines.

Pour la mousse : portez le lait à ébullition. Battez les œufs avec le sucre et la Maïzena. Ajoutez le lait bouillant. Remettez sur feu doux et faites épaissir. Versez dans un bol et ajoutez la Pralinoise. Recouvrez de film alimentaire au contact et laissez refroidir.

Fouettez la crème fleurette en chantilly et incorporez-la délicatement à la crème pralinée refroidie. Versez cette mousse sur les sablés et laissez reposer 2 heures au frais.

Pour la sauce : faites fondre le chocolat avec la crème liquide au four à micro-ondes, mélangez pour bien la lisser puis, quand cette sauce a tiédi, versez-la sur les mousses. Laissez refroidir.

Versez le sucre dans une petite casserole et chauffez jusqu'à obtention d'un caramel blond. Plongez-y les noisettes par 4 ou 5, enrobez-les de caramel et, à l'aide d'une fourchette, placez-les sur une feuille de papier sulfurisé sans qu'elles se touchent. Laissez durcir.

Au moment de servir, saupoudrez les verrines de pépites et placez 3 noisettes caramélisées au centre.

Verrines royale passion

Préparation : 1 heure · Cuisson : 10 minutes · Difficulté : ★★ Budget : ★★★

Pour 4 verrines

Pour le praliné feuilleté
- **100 g de Pralinoise®**
- **50 g de crêpes dentelle**
- **20 g de pralin en poudre**

Pour la mousse au chocolat
- **30 g de sucre**
- **2 jaunes d'œufs**
- **100 g de chocolat**
- **18 cl de crème liquide entière**

Pour la crème passion
- **100 g de pulpe de fruits de la passion**
- **2 jaunes d'œufs**
- **30 g de sucre**
- **30 g de Maïzena®**
- **50 g de beurre**

Pour le décor
- **Framboises**
- **Fruits de la passion**

Faites fondre la Pralinoise au four à micro-ondes. Ajoutez les crêpes dentelle émiettées et le pralin. Mélangez bien et répartissez ce praliné dans les verrines sans trop tasser.

Faites bouillir 1 cuil. à soupe d'eau et le sucre. Versez ce sirop sur les deux jaunes d'œufs battus. Fouettez au batteur électrique jusqu'à ce que le mélange refroidisse.

Faites fondre le chocolat coupé en morceaux au four à micro-ondes 3 fois 30 secondes. Il doit être lisse et tiède. Ajoutez-le au mélange précédent.

Fouettez la crème en chantilly pas trop ferme et incorporez-la au mélange précédent. Répartissez cette mousse dans les verrines et laissez reposer au frais.

Dans un saladier mis au bain-marie, mélangez la pulpe de passion, 20 cl d'eau, les jaunes d'œufs battus, le sucre et la Maïzena diluée dans un peu d'eau. Faites épaissir en mélangeant constamment. Ajoutez le beurre coupé en dés et laissez refroidir.

Placez quelques framboises sur la mousse au chocolat et versez la crème passion sans qu'elle les recouvre totalement. Décorez de pulpe de fruits de la passion avec pépins.

Verrines toniques du matin

Préparation : 5 minutes · Difficulté : ★ Budget : ★

Pour 2 verrines

- **200 g de fromage blanc**
- **1 cuil. à soupe de miel**
- **1 banane**
- **30 g de müesli**

Mélangez le fromage blanc avec le miel.

Coupez la banane en rondelles et placez-les dans les verrines.

Versez le fromage blanc et saupoudrez de müesli.

Accompagnez d'un jus de fruit.